I0079836

PRÉCIS HISTORIQUE

SUR

LE HUITIÈME BATAILLON

DES

GARDES NATIONALES DE LA SEINE

1870-1871

$\hbar^{5}$

963

PARIS. — TYPOGRAPHIE A. HENNUYER, RUE D'ARCET, 7.

PRÉCIS HISTORIQUE

SUR

LE HUITIÈME BATAILLON

DES

GARDES NATIONALES DE LA SEINE

 1870-1871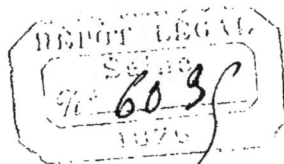

BIBLIOTHÈQUE NATIONALE R.F. IMPRIMÉS.

DÉPÔT LÉGAL Seine 60 3

PARIS

TYPOGRAPHIE A. HENNUYER

RUE D'ARCET, 7

1876

AVANT—PROPOS

Le 28 décembre 1872, sur la convocation de M. Simon, dernier commandant du 8ᵉ bataillon des gardes nationales de la Seine, a eu lieu une réunion des anciens chefs de compagnie et des officiers comptables de ce bataillon, pour apurer les comptes et statuer sur l'emploi du reliquat de caisse.

Assistaient à cette réunion : — M. SIMON, commandant; MM. PATAILLE, QUESNEY, COULBEAUT, ARNAUD, DODIN, ROUSSEL, FRANCK, GUIGARD, JOSSELIN, capitaines; — MM. BLACHEZ et CLÉMENT LEJEUNE, officiers payeurs, et M. DRECHOU, trésorier de la 1ʳᵉ compagnie de guerre.

Après la vérification des comptes et leur apurement, M. Simon ayant donné lecture d'une lettre qu'il avait reçue de M. le Ministre de l'intérieur, tous les membres de la réunion ont pensé qu'il y avait lieu de la porter à la connaissance des anciens officiers, sous-officiers et gardes

1

du bataillon, et à la suite d'une courte discussion sur le meilleur mode de communication de cette lettre, il a été décidé, à l'unanimité :

1° Que le reliquat de caisse serait versé à la Caisse des écoles du deuxième arrondissement ;

2° Qu'une commission de trois membres serait chargée de faire imprimer la lettre de M. le Ministre de l'intérieur, en la faisant précéder d'un précis historique sur le 8ᵉ bataillon, qui serait mis à la disposition des anciens officiers sous-officiers et gardes nationaux qui en faisaient partie au moment du siége de Paris.

Telle est l'origine et l'explication de la présente brochure, dont la publication a été retardée par la recherche de quelques documents et qui, bien que spéciale au 8ᵉ bataillon des gardes nationales de la Seine, touche sur beaucoup de points à l'histoire générale du siége de Paris par l'armée prussienne et à l'insurrection de 1871.

X. X. X.

PRÉCIS HISTORIQUE

LE HUITIÈME BATAILLON

DES

GARDES NATIONALES DE LA SEINE

CHAPITRE I

APERÇUS PRÉLIMINAIRES. — DÉCLARATION DE GUERRE.
4 SEPTEMBRE 1870.

Un des grands crimes de la Commune est
d'avoir traîné dans le sang et dans la fange
l'uniforme de la garde nationale. Cette institution si calomniée a eu ses heures de faiblesse et
d'erreur; mais, à côté de fautes inhérentes à un
corps subissant toutes les influences de l'opinion
publique, l'histoire impartiale reconnaîtra que la
garde nationale a toujours été fidèle à la grande
devise : « Patrie, ordre, liberté. » Si d'atroces
bandits ont déshonoré cet uniforme, il serait
aussi injuste d'en rendre l'institution responsable, que d'attribuer à l'armée les crimes du
88e de marche et des autres régiments qui, au

18 mars, donnèrent, par leur défection, le signal des atrocités communardes.

Nous pourrions, l'histoire en main, prouver que la garde nationale ne mérite pas les anathèmes sous lesquels elle a succombé; mais notre tâche est plus modeste : elle se borne à revendiquer, pour le 8ᵉ bataillon, un des meilleurs de la garde nationale de Paris, le patrimoine d'honneur et de dévouement qui appartient à tous ceux qui ont marché sous son drapeau.

Le 8ᵉ bataillon, formé dans le périmètre compris entre les boulevards Montmartre et des Italiens, les rues Louis-le-Grand, Neuve-des-Petits-Champs et Montmartre, faisait partie, depuis 1830, de la 2ᵉ légion, 4ᵉ bataillon; réorganisé en 1852 sous le commandement de M. Baudouin, il prit le n° 8 dans la formation par bataillons, qui succéda à la formation par légions.

De 1856 à 1869, le 8ᵉ bataillon fut commandé par M. le marquis de Castéja et sous sa direction, aussi bienveillante que ferme, le bataillon ne fit, en quelque sorte, qu'une même famille.

M. Achille Lasalle, officier de la légion d'honneur, ancien lieutenant de vaisseau, remplaça M. de Castéja, et ne resta parmi nous qu'une année; il eut pour successeur M. Tranchant, aujourd'hui conseiller d'Etat, qui présida aux mesures d'augmentation d'effectif et de réorganisation, imposées par la guerre.

Ce fut en effet peu après sa nomination que se produisirent, de la manière la plus inattendue, ces graves événements qui devaient, sans transition, faire passer les gardes nationales de la Seine du rôle le plus insignifiant au service militaire le plus laborieux et le plus actif, en les associant aux efforts de l'armée pour la défense de la capitale contre l'invasion étrangère. Les chefs de bataillon furent convoqués aussitôt à l'état-major général de la garde nationale, et y reçurent des instructions en vue des mesures que nécessitaient les circonstances.

A la tête de la garde nationale se trouvait alors un glorieux vétéran de l'armée, le général d'Autemarre d'Ervillé, et sous ses ordres, comme chef d'état-major, le colonel d'état-major Borel, qui, bientôt après, devenu général de brigade, puis général de division, devait jouer un rôle si important comme chef d'état-major du général d'Aurelle de Paladines à l'armée de la Loire et comme chef d'état-major du maréchal de Mac-Mahon, lors de la guerre contre la Commune.

Le colonel Borel se multipliait en présence des événements. Par ses soins la garde nationale, très-

réduite depuis l'avénement de l'Empire, fut portée
à un effectif considérable par la création de bataillons nouveaux et par l'augmentation du personnel
des anciens bataillons. Le service des remparts, di-
visé en secteurs, fut distribué entre les bataillons ;
à la place des fusils à piston dont ils étaient armés,
ils reçurent des fusils transformés dits *à tabatière*,
en attendant qu'on pût les armer de fusils Chas-
sepot, et les commandants eurent l'ordre de ne
rien épargner pour mettre sans retard la garde
nationale à la hauteur de la tâche qui lui était
dévolue.

M. Tranchant déploya le plus grand zèle pour
seconder les intentions de l'état-major. Aidé du
concours dévoué de son adjudant-major, M. le capitaine de Lacarre (1), il compléta rapidement le
8ᵉ bataillon à l'effectif demandé, le fit armer à
nouveau, et s'efforça de l'habituer, par des exercices assidus, au maniement des armes et aux manœuvres. L'instruction militaire de la garde nationale avait été systématiquement fort négligée
depuis longtemps ; l'incorporation de nombreuses
recrues ajoutait d'ailleurs à la difficulté. Il y avait
fort à faire. L'ardeur de tous suppléa au temps

(1) Frère de M. le colonel du 3ᵉ de cuirassiers, de Lacarre, tué à
Reischoffen, à la tête de son régiment.

qui manquait, et en peu de jours des **progrès réels** furent accomplis. L'un des premiers parmi les chefs de bataillon, le premier peut-être, M. Tranchant réunit son personnel pour des manœuvres et prit des mesures pour que les travaux d'instruction se continuassent très-fréquemment par compagnies dans chaque quartier sous la direction des capitaines et avec le concours d'instructeurs demandés au colonel de la garde de Paris, M. Valentin. Les officiers avaient, en outre, des réunions spéciales pour l'étude de la théorie.

Le 8ᵉ bataillon avait banni de ses rangs toute discussion politique, pour ne songer qu'à la mission d'ordre dévolue à la garde nationale, et, à la révolution du 4 septembre, il ne prit les armes que pour protéger les établissements publics situés dans le IIᵉ arrondissement; par les ordres de M. Tranchant la Bourse, le nouvel Opéra et la Banque furent gardés par de forts détachements, et ce fut pendant ces jours de service, les 5 et 6 septembre, que s'opérèrent les élections des officiers, sous-officiers et caporaux.

L'effectif de toutes les compagnies dépassant 150 hommes, les cadres furent doublés. Le 8 septembre, M. Jacob, chevalier de la Légion d'honneur, ancien capitaine au 21ᵉ de ligne, fut élu commandant, à la presque unanimité des suf-rages. Le bataillon se trouva constitué de la manière suivante :

ÉTAT-MAJOR DU 8ᵉ BATAILLON

MM.	JACOB,	chef de bataillon.
	GUY,	capitaine-adjudant-major.
	BARA,	adjudant sous-officier.
	JÉRAMEC,	adjudant sous-officier.
	PHILIPPE,	capitaine d'armement.
	BLACHEZ,	lieutenant trésorier.
	DENNEVILLE,	porte-drapeau.
	PHILIPPAR,	chirurgien-major.
	FAIVRE,	2ᵉ chirurgien major.
	TASSY,	chirurgien aide-major.

PREMIÈRE COMPAGNIE

Officiers.

MM.	PATAILLE,	capitaine en premier.
	MORIN,	capitaine en second.
	SIMON,	lieutenant en premier.
	MARIE	lieutenant en second.
	BELISSENT,	sous-lieutenant en premier.
	BREANT,	sous-lieutenant en second.

Sous-officiers.

BAUDRY,	sergent-major.
HURISSEL,	sergent-fourrier.

Sergents.

DEMOGEOT,	JACTA,	ROYER,
BEAUCÉ,	BLOIS,	FISCH.
DAVIET,	HALLEY,	

Caporaux.

LAUBANIE (fourrier),	PERIGAUD,	NELSON,
KRÆBER,	GIDOIN,	BEDIER.
LEPAGE,	BERNARD,	BOUZON,
CHANGUI,	ROBERT,	AUBRIOT,
CHEVRIER,	COBUS,	AUGERON.
CLAREZY,	DUPUIS,	

DEUXIÈME COMPAGNIE

Officiers.

MM. QUESNEY,   capitaine en premier.
    CRÉMIEUX,   capitaine en second.
    DUVOY,   lieutenant en premier.
    BUISSON,   lieutenant en second.
    JEANTHEAU,   sous-lieutenant en premier.
    PAULLET,   sous-lieutenant en second.

Sous-officiers.

CARTIER,   sergent-major.
NATTAN,   sergent-fourrier.

Sergents.

MERCIER,	CASSES,	FRISSON,
BÉAL,	DEMARCQ,	MAS.
MANGIN,	POIREZ,	

Caporaux.

DESPORTES (fourrier),	BORANCY,	LEFORT,
BARD,	FLAGEOLET,	BAUBIGNY,
VAUTHEROT,	HOUSSAYE,	JEUNET,
VADÉ,	BIDON,	BAUDOIN,
GUICHARD,	ROBILLARD,	CARON.
COULAROU,	OPIGEZ-GAGELIN,	

TROISIÈME COMPAGNIE

Officiers.

MM. DURON, capitaine en premier.
COULBEAUT, capitaine en second.
MONDION, lieutenant en premier.
LEQUEU, lieutenant en second.
POINSOT, sous-lieutenant en premier.
SANGUILLION, sous-lieutenant en second.

Sous-officiers.

BERNARD, sergent-major.
LEMAIRE, sergent-fourrier.

Sergents.

MATHÉ,	COURTEAU,	MOUGIN,
NISSON,	LAUDRAS,	VIDAL.
CHAPUIS,	COLLAS,	

Caporaux.

DURON (fourrier),	PRINCE,	NEVEU,
TRICHARD,	POUPARD,	ROTTEMBOURG,
PETIT-JEAN,	JOLIBOIS,	RAMBEAU,

Violette,	Couriol,	Boussagol,
Duchenet,	Marchand,	Petit Fils.
Desnoyers,	Plautier,	

QUATRIÈME COMPAGNIE

Officiers.

MM. Govart,   capitaine en premier.
     Arnaud,   capitaine en second.
     Rivoire,   lieutenant en premier.
     Chevalier,   lieutenant en second.
     Menard,   sous-lieutenant en premier.
     Salvatelli, sous-lieutenant en second.

Sous-officiers.

Dubois,   sergent-major.
Drouet,   sergent-fourrier.

Sergents.

Weiss,	Mignot,	Louvet.
Pillet,	Follet,	
Verrier,	Dussargy,	

Caporaux.

Verdé-Delisle (fᵉʳ),	Georges Susse,	Petit,
Boucher-d'Argès,	Blanc,	Blaugarin,
Héluin,	Vivauté,	Pichot,
Bonfilliout,	Villière,	Bargat,
Villeminot,	Werber,	Rimard.
Couvrat,		

CINQUIÈME COMPAGNIE

Officiers.

MM. DODIN,   capitaine en premier.
    PITOU,   capitaine en second.
    GEOFFROY   lieutenant en premier.
    PACQUE,   lieutenant en second.
    GÉNUIT,   sous-lieutenant en premier.
    JOSSELIN,   sous-lieutenant en second.

Sous-officiers.

VOISIN,   sergent-major.
VANNOY,   sergent-fourrier.

Sergents.

BAYER,	COLIGNON,	LITT,
LOUVEAU,	DURONCHEL,	NIVILLE.
DORANGE,	TRAVERS,	

Caporaux.

BOUTTET (fourrier),	CLICHY,	PERRIER,
DUBOIS,	DESPREZ,	PLISSON,
MICHEL,	LECUYER,	CASSIN,
LANGERON,	PETIT,	LAVERGUE,
LÉGER,	NOYER,	GROSSETÊTE.
DEVILLE,	MAURIO,	

SIXIÈME COMPAGNIE

Officiers.

MM. BELLANGÉ,   capitaine en premier.
BEAUREPAIRE, capitaine en second.
PAQUOTTE,   lieutenant en premier.
RODANET,   lieutenant en second.
ROCHE,   sous-lieutenant en premier.
LESEIGNEUR, sous-lieutenant en second.

Sous-officiers.

BRIOL,   sergent-major.
CLÉMENT-LEJEUNE, sergent-fourrier.

Sergents.

MATHIEU,	OLLIVIER,	SOULAS PETIT,
PHILIPPE,	COUVREUX,	GUIRAULT.
PORTIER,	ROBERT,	

Caporaux.

BLONDEAU (fourrier),	BRISPOT,	RODANET jeune
BUISSON,	PETITPAS,	CHAPPÉ,
LAFOSSE.	ROSE,	BOIVIN,
BESNARD jeune,	LELOGEAIS,	PORTIER,
MAINFROY,	FESSARD,	MAYER.
BESNARD aîné,	REGNAULD,	

SEPTIÈME COMPAGNIE

Officiers.

MM.	Roussel,	capitaine en premier.
	Crotel,	capitaine en second.
	Charolet,	lieutenant en premier.
	Josse,	lieutenant en second.
	Félix,	sous-lieutenant en premier.
	Princet,	sous-lieutenant en second.

Sous-officiers.

Richard,	sergent-major.
Dehet,	sergent-fourrier.

Sergents.

Mail,	Pontonnier,	Hervieu,
Lecomte,	Renouard,	Vitet.
Degremont,	Lespiau,	

Caporaux.

Péan St-Gilles(f[er]),	Perrier,	Sevy,
Mouilleron,	Poiré,	Marbeau,
Vassal,	Defosse,	Goin père,
Vasseur,	Mazure,	Guérin,
Artiques,	Charlin,	Coulon.
Paynot,	De Lansac,	

HUITIÈME COMPAGNIE

Officiers.

MM. DUVIGNIAUD, capitaine en premier.
    CADART,   capitaine en second.
    FRANK,   lieutenant en premier.
    ROGER,   lieutenant en second.
    MERCIER,   sous-lieutenant en premier.
    PUCHEU,   sous-lieutenant en second.

Sous-officiers.

BRUNSCHWIG, sergent-major.
ABEL,   sergent-fourrier.

Sergents.

DESFOUX,	MICHEL,	SUEUR,
DUCHAUSSOY,	MARAGE,	THAREL.
LAGESSE,	RAINAUD,	

Caporaux.

DEPIERRE (fourrier),	JUDAS,	ROBERT,
BOUISSON,	LAFFONT,	ROCHE,
BORDIER,	LARGE fils,	SPÈRE,
COQUET,	MAUGON,	THOMAS,
CHRÉTIEN,	MANAUT,	THOMAS.
GAUTIER,	ROUBAUDI,	

Sous l'impulsion vigoureuse et éclairée de M. Jacob, les exercices militaires furent suivis chaque jour avec le plus grand zèle; un ardent patriotisme entraînait tous les cœurs, et chacun de nous comprenait que l'instruction militaire pouvait seule nous permettre de donner un concours efficace à la défense de Paris.

Dès le mois d'août la place avait été divisée en secteurs ; le 8e bataillon fut attaché au 5e, sous le commandement d'abord, du général Ambert et ensuite, après le déplorable incident dont nous allons parler, sous le commandement du contre-amiral du Quilio. Le 5e secteur s'étendait de la porte Bineau à la porte Maillot (de la route d'Asnières à l'avenue Uhrich) et comprenait les bastions 46 à 54. Voici la composition de l'état-major sous le commandement duquel il était placé ; nous le faisons précéder de l'indication des officiers généraux qui ont successivement commandé en chef la garde nationale de la Seine, et des principaux officiers supérieurs, chefs de service à l'état-major général, avec lesquels nous avons été en relation.

ETAT-MAJOR GÉNÉRAL
AU MOMENT DE LA DÉCLARATION DE GUERRE.

Général de division D'AUTEMARRE D'ERVILLÉ, général en chef.
Colonel BOREL (aujourd'hui général de division), chef d'état-major général.

ETAT-MAJOR GÉNÉRAL
ET PRINCIPAUX CHEFS DE SERVICE PENDANT LE SIÉGE.

Général CLÉMENT THOMAS, commandant en chef.
Colonel MONTAGUT, chef d'état-major général (1).
Colonel DE MORTEMART, sous-chef d'état-major général.
Colonel DE CASTÉJA, directeur de l'armement.
Lieutenant-colonel ERNAULT, major de place.
Lieutenant-colonel BOMIER, secrétaire général.
Lieutenant-colonel DEMAY, chef de la discipline.

ETAT-MAJOR GÉNÉRAL
APRÈS LE SIÉGE JUSQU'AU 18 MARS.

Général de division D'AURELLES DE PALADINES, commandant en chef.
Colonel ROGER (du Nord), chef d'état-major général.

ÉTAT-MAJOR DU CINQUIÈME SECTEUR.
(Les Ternes.)
(BASTIONS 46 A 54, DE LA ROUTE D'ASNIÈRES A L'AVENUE UHRICH.)

Contre-amiral LECOUZIAULT DU QUILIO, commandant du secteur.

(1) Le colonel Montagut a péri dans le naufrage du steamer transatlantique *la Ville-du-Havre.*

2

MM. DE TORCY, capitaine de frégate, chef d'état-major du secteur.

LESTERP, chef d'escadron d'état-major de la garde nationale, sous-chef d'état-major du secteur.

BELLIER DE VILLIERS, capitaine d'état-major de la garde nationale.

GODEFROY, capitaine de la garde nationale, campement.

AUBERNON, lieutenant d'état-major de la garde nationale.

CLAYE, capitaine de la garde nationale, 132e bataillon. attaché au service de l'amiral.

DESLANDES, lieutenant de vaisseau.

LAFERTÉ, lieutenant de vaisseau.

DELAPORTE, lieutenant de vaisseau.

TAMISIER, chef d'escadron d'artillerie.

DE LA LANDELLE, enseigne de vaisseau.

BELLET, enseigne de vaisseau.

D'AUBIER, chef de bataillon, major de place.

DE KERRET, chef de bataillon, de la garde mobile, major, service de place.

CHOISELAT, capitaine de la garde nationale, officier d'ordonnance.

DE SOLMINIAC, capitaine garde mobile.

PENICAUT, lieutenant garde mobile.

DE SALVERT, capitaine garde mobile.

DE LEUTEAU, sous-lieutenant garde mobile.

LASSIS, capitaine d'état-major de la garde nationale, délégué du conseil de guerre.

DE LA PÉROUSE, sous-commissaire de marine.

DE SAINTE-BEUVE, garde mobile.

Le 13 septembre, une partie du 8ᵉ bataillon, sous le commandement de M. Jacob, avait été convoquée, avec toute la garde nationale de Paris, à une revue passée sur les boulevards par le général Trochu, gouverneur de Paris ; l'autre partie, sous le commandement de M. le capitaine Pataille, avait pris le service aux remparts.

Le général Ambert, après avoir passé la revue des divers bataillons de service, réunit les officiers, fit appel à leur dévouement et à leur patriotisme, et termina son allocution par le cri de « Vive la France ! » Quelques exaltés, de certains bataillons, lui demandèrent de crier « Vive la République ! » le général répondit que la République n'étant pas régulièrement constituée, il ne connaissait que la France ; que, d'ailleurs, il ne céderait pas à l'intimidation, qu'il en avait vu bien d'autres. Cette déclaration imprudente, et d'ailleurs contraire à la logique, puisqu'en définitive l'honorable général tenait son commandement de la République, gouvernement de fait du pays, amena, de la part des officiers des bataillons déjà cités, les plus déplorables actes de violence et d'insubordination.

Ces officiers, indignes de ce nom, se ruèrent sur le général, et lui auraient certainement fait un mauvais parti, sans le dévouement de plusieurs officiers, principalement MM. Quesney, Arnaud, Buisson et Coulbeaut, du 8ᵉ bataillon, qui lui firent un rempart de leur corps, l'arrachèrent des mains de ces forcenés, et furent assez heureux pour l'amener sain et sauf au ministère de l'intérieur.

Mais tel était l'acharnement de ceux qui, dans leur exaltation et leur égarement, n'avaient pas craint de se porter à des voies de fait et à des sévices sur la personne de leur général, qu'ils le poussaient devant eux, en le bousculant et en lacérant ses vêtements. Malheureusement ses défenseurs étaient en plus petit nombre, et malgré leurs efforts énergiques pour le protéger, lorsqu'il arriva à la place Beauvau, dans la cour du ministère, son uniforme était en lambeaux. Ce fut à grand'peine, et par une heureuse inspiration, qu'il fut arraché à la fureur de ses ennemis, qui vociféraient de plus en plus contre lui des menaces de mort.

M. Ferry consentit à haranguer, d'une fenêtre du ministère, cette foule irritée, et à la faveur de cette diversion les officiers du 8ᵉ bataillon que nous avons cités plus haut parvinrent à faire évader le général par un couloir communiquant avec la rue Cambacérès.

CHAPITRE II

La garde nationale, comprenant qu'on ne peut être soldat qu'en joignant à l'instruction militaire la connaissance pratique du tir, réclamait, chaque jour et avec instance, les emplacements spéciaux nécessaires. L'administration n'ayant mis le polygone de Vincennes à la disposition des deux cent soixante et quelques bataillons de la garde nationale *qu'une seule fois, pour tirer trois balles en feu de peloton*, le 8e bataillon comprit que cet exercice sommaire ne constituait même pas une ébauche de l'art de tirer, et, pour acquérir cette instruction spéciale, les compagnies se rendirent, plusieurs fois, et à leurs frais, les unes au tir de Montmartre, les autres au tir de Montrouge. Le reproche de ne pas savoir tirer, qui a été fait à la garde nationale, est donc souverainement injuste, car il est étrange de se plaindre d'un manque d'instruction, quand on a refusé, ou qu'on n'a pu donner les moyens de l'acquérir.

Les sentiments d'ordre, de discipline et de fidélité au drapeau national, que le 8e bataillon a toujours professés, lui dictèrent sa conduite au 31 octobre. Au premier appel, le bataillon se rendit au ministère de l'intérieur, qu'il fut chargé de couvrir, et si les circonstances se fussent aggravées, il eût défendu énergiquement le poste confié à son honneur et à sa loyauté.

La nécessité de faire participer la garde nationale de Paris aux opérations actives du siége ayant fait décréter la formation des compagnies de guerre, celles du 8ᵉ bataillon furent constituées le 12 novembre ; elles se composèrent de quatre compagnies, qui prirent chacune leur effectif dans la division correspondante ; ainsi la 1ʳᵉ compagnie de guerre fut recrutée dans les 1ᵉ et 2ᵉ compagnies sédentaires ; la 2ᵉ de guerre, dans les 3ᵉ et 4ᵉ ; la 3ᵉ dans les 5ᵉ et 6ᵉ, et enfin la 4ᵉ de guerre, dans les 7ᵉ et 8ᵉ sédentaires. Les élections, faites le même jour, donnèrent le commandement des compagnies aux officiers dont les noms suivent, qui, tous, s'étaient engagés volontairement :

1ʳᵉ compagnie, M. Simon, capitaine; 2ᵉ compagnie, M. Guigard, capitaine ; 3ᵉ compagnie, M. Josselin, capitaine ; 4ᵉ compagnie, M. Cadart, capitaine.

Voici du reste le tableau des cadres, lors de la formation :

COMPAGNIES DE GUERRE

Etat-major.

MM. Jacob, chef de bataillon (jusqu'au 31 déc. 1870)

Simon, chef de bataillon (à partir du 1er janv. 1871)

Guy, capitaine adjudant-major.

Tétard, adjudant sous-officier.

Clément Lejeune, officier-payeur.

Bayer, capitaine d'armoment.

Chartran, secrétaire-trésorier.

Cahours, chirurgien-major.

Coquelin (cadet), sergent secrétaire du chef de bataillon

Raveneau, sergent-major-vaguemestre.

PREMIÈRE COMPAGNIE DE GUERRE

Officiers.

MM. Simon, capitaine (jusqu'au 31 décembre 1870).

Nodet, lieutenant (nommé capitaine le 1er janvier 1871, en remplacement de M. Simon, nommé chef de bataillon).

De Bruges, sous-lieutenant.

Sous-officiers.

Callot, sergent-major.

Mangin, sergent-fourrier.

Badon-Pascal, sergent.

Borancy, sergent.

Hardouin, sergent.

Replumaz, sergent.

Caporaux.

BERNARD,	CHENY,	GLAD,
BERTHE,	CHRISTOPHE,	PÉRYCAVE.
BOISSY,	DUPUIS,	

DEUXIÈME COMPAGNIE DE GUERRE

Officiers.

MM. GUIGARD,   capitaine.
   HUNTZINGER, lieutenant.
   AGNIEL,   sous-lieutenant.

Sous-officiers.

CHEVRAUT,   sergent-major.
VILLARS,   sergent-fourrier.
RAU,   sergent.
EMY,   sergent.
ROSSY,   sergent.
DUJONCQUOY, sergent.

Caporaux.

THEURIER,	ALBERT,	MOLÉNAT,
VIAN,	SAVIGNAT,	BOY.
JULIEN,	BLUET,	

TROISIÈME COMPAGNIE DE GUERRE

Officiers.

MM. JOSSELIN, capitaine.
   ROCHE,   lieutenant.
   RAVENEAU, sous-lieutenant.

Sous-officiers.

Béchu,	sergent-major.
Roulleau,	sergent-fourrier.
Bréauté,	sergent.
Petit,	sergent.
Vigné,	sergent.
Arfvidson,	sergent.

Caporaux.

Ducy,	Tétard,	Darcher,
Lambert,	Pignot,	Galusser.
Collet,	Kleyer,	

QUATRIÈME COMPAGNIE DE GUERRE

Officiers.

MM. Cadart,	capitaine.
Félix,	lieutenant.
Mercier,	sous-lieutenant.

Sous-officiers.

De Lansac,	sergent-major.
Lebas,	sergent-fourrier.
Defosse,	sergent.
Cretin,	sergent.
Delatremblay,	sergent.
Courcier,	sergent.

Caporaux.

Agin,	Maichain,	Humbert,
Marchand,	Nevard,	Durand.
Gamier,	Langlois,	

Le 8ᵉ bataillon forma, avec le 10ᵉ, quartier du Mail ; 54ᵉ, quartier du Temple, et 179ᵉ, quartier de la Villette, le 3ᵉ régiment de marche de l'armée de Paris. L'instruction militaire des compagnies de guerre se développa rapidement ; loin de se plaindre de sept heures d'exercices journaliers, dans la neige et par un froid rigoureux, officiers, sous-officiers, caporaux et gardes rivalisaient de zèle, et appelaient de tous leurs vœux le moment où ils pourraient aborder les Prussiens, et prouver leur dévouement au pays. Pendant que se livrait la bataille de Champigny, le bataillon, réuni au Champ de Mars pour les exercices, frémissait d'impatience et brûlait de marcher au canon. Si ceux qui, depuis, ont calomnié la garde nationale avaient pu pénétrer dans nos rangs, s'ils avaient compris ce saint enthousiasme qui entraînait tous les cœurs, ils eussent eu confiance et utilisé ces dévouements contre un ennemi détesté.

Les sentiments de véritable fraternité, qui étaient de tradition dans le 8ᵉ bataillon, se manifestèrent avec le plus touchant entrain dans des réunions d'adieux, auxquelles chaque division sédentaire invita la compagnie de guerre recrutée dans son sein ; ces fêtes de famille, organisées avec beaucoup de convenance et d'affectueuse cordialité, reflétérent à la fois les douleurs de la France et les espérances du patriotisme.

Dans les premiers jours de décembre, l'équipement des compagnies de guerre fut complet, et le 20, elles reçurent l'ordre de départ tant désiré ; malheureusement un accident priva le bataillon du chef dans lequel il avait la plus entière confiance ; en préparant ses armes, M. le commandant Jacob laissa tomber son revolver ; un des coups partit et la balle vint se loger dans le pied ; cette blessure ne lui permettant pas de faire un service actif, il délégua ses pouvoirs à M. l'adjudant-major Guy, qui prit le commandement des compagnies de guerre.

Conformément au règlement, M. Pataille, le plus ancien capitaine, prit le commandement des compagnies sédentaires.

Le départ des compagnies de guerre était fixé au 21 décembre, à deux heures du matin ; cette heure matinale et les adieux inséparables d'une première sortie faisaient craindre aux commandants de compagnie que beaucoup de jeunes gardes n'oubliassent le départ, et peut-être leur raison ; mais ces craintes ne se réalisèrent pas et, on peut le dire à l'honneur du 8ᵉ bataillon, il n'y eut aucune absence, sans motif légitime ; cet exemple prouve qu'avec de bons cadres la garde nationale observait et les lois de la discipline et celles de la tempérance.

Par une délicate attention, beaucoup d'officiers, sous-officiers, caporaux et gardes des compagnies sédentaires avaient tenu à honneur d'accompagner leurs frères d'armes jusqu'aux fortifications. Cette marche au milieu de la nuit avait quelque chose de solennel et de touchant à la fois ; aujourd'hui, après les désillusions du siége, nous ne comprenons plus ce naïf et sublime enthousiasme, mais alors, tous, nous avions une foi ardente dans le succès, et au moment des adieux, quand les mains se pressèrent, quand les vieilles amitiés échangèrent dans une accolade fraternelle les vœux pour la France et les espérances de retour, tous les cœurs étaient prêts au sacrifice le plus absolu.

Après une marche, rendue très-pénible par les temps d'arrêt et les à-coup qu'occasionnait l'encombrement de la route, les compagnies de guerre arrivèrent, à neuf heures du matin, à Fontenay-sous-Bois, où elles furent cantonnées. Les autres bataillons du régiment reçurent d'autres destinations, et le 54ᵉ, envoyé à Bois-Neuilly (village de nouvelle formation, non indiqué sur les cartes), ayant compris Neuilly-sur-Marne, faillit se

faire écharper par des volées d'obus que lui lan-
cèrent les Prussiens. Pendant notre marche le combat de la Ville-Evrard se livrait ; le bruit du canon
et de la fusillade nous faisait tressaillir d'impatience, et malgré la fatigue, nous espérions prendre notre part du combat, mais, au désespoir de
tous, nous ne fûmes pas engagés.

Le lendemain, à neuf heures du matin, un sous-
officier de cavalerie vint demander des secours, en
disant que beaucoup de blessés avaient succombé
pendant la nuit par le froid et le manque de soins.
Cependant, la veille, des voitures d'ambulance en-
combraient Fontenay, et elles étaient rentrées à
quatre heures du soir dans Paris, sans avoir visité
le champ de bataille : avec un peu de prévoyance,
on eût donc pu éviter ce malheur. Peu d'instants
après, un petit détachement de prisonniers prussiens fut conduit dans nos lignes ; leur bonne tenue nous fit apprécier combien était erroné le bruit
public, qui affirmait que l'armée prussienne manquait de tout.

Des visites aux extrêmes avant-postes nous con-
vainquirent également du soin méticuleux avec
lequel les Prussiens se gardaient contre toute surprise ; leurs sentinelles étaient masquées par des
tranchées profondes ; d'autres sentinelles se blot-

tissaient dans de petits taillis et leur présence ne nous fut révélée que par la nouvelle garde rampant sur la terre pour les aller relever. Cet exemple ne changeait rien à la témérité française, car nos sentinelles veillaient à découvert, et la dernière barricade n'avait aucune solidité.

Le séjour à Fontenay-sous-Bois démontra, une fois de plus, l'excellent esprit qui animait le 8ᵉ bataillon.

Les habitants ayant élevé des plaintes contre des mobiles, des soldats de la ligne et des gardes nationaux d'autres bataillons qui avaient commis des actes de vandalisme, les commandants de compagnie, en prenant possession du cantonnement, firent appel aux sentiments d'honneur et de patriotisme de leurs hommes pour maintenir intacte l'excellente réputation du bataillon : cet appel fut entendu et la propriété privée fut respectée avec un soin scrupuleux. Le service en campagne était du reste observé dans toute sa rigueur, et tous, officiers, sous-officiers et gardes, mettaient tant de zèle à remplir leur devoir, que les punitions étaient en quelque sorte inconnues.

Le 27 décembre, commença le bombardement des forts : un duel grandiose d'artillerie s'engagea entre les nombreuses batteries établies sur le plateau d'Avron, les forts de Rosny, Nogent, etc., et les batteries de siége, que les Prussiens venaient de démasquer.

Les avant-postes furent rapprochés, et malgré cet indice fâcheux, nous attendions toujours l'ordre de marcher en avant; une distribution de vivres de trois jours, faite le 28, nous confirma dans cette espérance; mais le lendemain 29, nous reçûmes avec douleur l'ordre de rentrer dans Paris, ainsi que toutes les troupes qui occupaient le plateau d'Avron. Le retour se fit avec regrets, mais sans découragement, tant nous avions confiance dans un résultat final plus heureux.

En rentrant à Paris, nous apprîmes la nomination de M. Jacob au grade de chef d'escadron d'état-major, et le bataillon reçut l'ordre de procéder à l'élection d'un nouveau chef. Cette élection eut lieu le 1er janvier, dans la salle de la Bourse; M. Simon, capitaine de la 1re compagnie de guerre, fut nommé chef de bataillon.

M. le lieutenant Nodet fut nommé capitaine, en remplacement de M. Simon.

Le 7 janvier, à une heure du matin, le chef de bataillon reçut l'ordre de préparer le départ des compagnies de guerre pour midi; immédiatement les chefs de compagnie furent convoqués pour compléter les munitions à cent deux cartouches par homme, et pour toucher quatre jours de vivres ; aucune voiture n'était tolérée, et les officiers eux-mêmes devaient porter leurs vivres dans les sacs des hommes disponibles. La sévérité des ordres confidentiels donnés aux chefs de bataillon indique clairement que l'attaque projetée devait être vigoureusement conduite, et qu'elle se rattachait aux opérations des armées de province.

Mais, à trois heures de l'après-midi, le commandant reçut l'ordre de congédier les compagnies, et il fallut se résigner à attendre une nouvelle occasion ; l'attaque devait être dirigée contre les positions du Sud. De mauvaises nouvelles de province motivèrent sans doute ce contre-ordre.

Dès le commencement du siége, la population parisienne avait compris que la fabrication de canons à longue portée était indispensable pour lutter contre un ennemi qui puisait sa principale force dans la perfection de son armement.

A défaut des ateliers de l'Etat, il fallait recourir à l'industrie privée pour fondre des canons et des projectiles ; mais les corps spéciaux, méthodiques de leur nature, hésitaient à employer les deniers de l'Etat dans un genre de fabrication contraire aux règles établies ; pour vaincre ces hésitations, un élan patriotique fit ouvrir de nombreuses souscriptions, qui produisirent des sommes considérables ; le 8ᵉ bataillon y participa pour la somme de 13 855 fr., ainsi répartie :

1ʳᵉ compagnie......................	1 257 fr.	85
2ᵉ —	1 127	»
3ᵉ —	1 486	50
4ᵉ —	1 000	»
5ᵉ —	829	10
6ᵉ —	2 041	25
8ᵉ —	1 686	50
Etat-major.........................	130	»
Souscriptions supplémentaires et compagnies de guerre....................	1 000	»
Souscription de la 7ᵉ compagnie, versée directement au Trésor..	3 297	»
Total..........	13 855 fr.	20

Cette somme donnait droit à deux pièces de 7 rayées, montées sur leurs affûts, et se chargeant par la culasse ; elles furent fabriquées avec le plus grand soin par MM. Hermann-Lachapelle et Glover ; elles portaient en relief sur un ruban, d'un côté : 8ᵉ *bataillon*, et de l'autre côté : *Garde nationale de Paris*, 1870. Ces pièces furent livrées le 15 janvier 1871, et offertes le même jour au gouvernement de la défense nationale.

Le 16 janvier, à une heure de l'après-midi, au moment de l'exercice, le commandant reçut l'ordre de départ pour le lendemain 17, à neuf heures et

3

demie du matin ; cet ordre fut ponctuellement exécuté, et à l'heure dite, le 8ᵉ bataillon était rangé en bataille sur les boulevards, la droite appuyée au faubourg Montmartre ; l'inexactitude du 54ᵉ bataillon retarda le départ jusqu'à midi. Arrivé à deux heures à Courbevoie, le 8ᵉ bataillon fut dirigé par la mairie sur une grande fabrique, située dans la plaine ; la toiture en était presque entièrement percée à jour, et, de plus, elle était située sous le feu direct des batteries d'Orgemont. Le bataillon se trouvant ainsi rassemblé dans un petit espace, un obus pouvait causer dans ses rangs les plus grands ravages ; aucun intérêt stratégique ou défensif ne s'attachant à l'occupation de cette fabrique, le commandant déclara énergiquement qu'il préférait camper en plaine, plutôt que d'exposer sa troupe à un danger inutile. Après de longs pourparlers, l'employé de la mairie se décida à donner comme cantonnement les maisons situées en face du château de Bécon, occupé par le 10ᵉ bataillon.

La journée du 18 se passa en revues et en préparatifs ; le 19, à une heure du matin, le commandant reçut l'ordre de faire prendre les armes à quatre heures, pour partir à quatre heures un quart ; il fit immédiatement préparer la soupe et distribuer les vivres ; mais la viande salée était d'une qualité telle, qu'il fut impossible de manger. Pendant cette journée, qui fut si fatigante, le bataillon n'eut donc pour nourriture qu'un peu de pain et d'eau-de-vie. L'ordre avait été donné d'emporter les munitions, deux jours de vivres et les ustensiles de campement, tels que marmites et bidons, mais de laisser dans le cantonnement les tentes, bâtons, effets et excédants de vivres. Des troupes n'avaient cessé de passer pendant toute la nuit; les chemins étaient défoncés et un convoi d'artillerie de **72** pièces nous barrant le passage, force fut d'attendre, au rond-point de Courbevoie, depuis cinq heures jusqu'à neuf heures et demie du matin, que la route fût libre. Nous grelottions de froid par l'inaction, mais nous bouillions d'impatience en entendant le canon, et en songeant que des camarades, plus heureux que nous, étaient aux prises avec l'ennemi.

Le régiment marchant la droite en tête, le 8ᵉ bataillon formait tête de colonne; la mauvaise disposition de l'ordre général de marche causait des retards continuels par la rencontre des colonnes se croisant aux points d'intersection.

Le commandant profita de la longue halte au rond-point de Courbevoie pour passer une **revue** sévère de l'effectif; il constata la **présence de**

359 officiers, sous-officiers et gardes, tous animés du meilleur esprit.

En arrivant sur les hauteurs qui avoisinent le mont Valérien, nous aperçûmes le plan général de la bataille, le cours de la Seine et les coteaux au-delà desquels nous espérions rompre la ligne de fer qui nous enserrait. Comment ne pas être brave en présence d'un tel panorama! Nous contournâmes le mont Valérien, par le chemin placé à gauche du fort, et nous entrâmes en ligne en passant à droite de la ferme de Fouilleuse; les 72 pièces de canon qui, pendant si longtemps, nous avaient barré le passage restèrent en chemin.

Pour raconter l'action, nous laissons la parole au rapport officiel adressé à l'autorité militaire par le commandant Simon :

GARDE NATIONALE DE LA SEINE.

8ᵉ BATAILLON.

Rapport du 22 janvier 1871.

Le commandant donne communication au bataillon de la lettre suivante qu'il vient de recevoir :

Mon cher camarade,

J'aurais voulu vous porter moi-même mes félicitations, mais le service me tient enchaîné demain et après à l'état-major général.

Je veux vous exprimer de suite combien j'ai été heureux d'apprendre l'excellente attitude et l'entrain qu'a montrés le 8e bataillon de marche. J'étais sûr, au reste, et dès à l'avance, de la conduite que tiendrait le bataillon, ainsi que de la confiance que devait lui inspirer son nouveau chef.

Recevez encore mes félicitations ; veuillez les adresser de ma part à vos officiers et sous-officiers, ainsi qu'à votre brave troupe.

Je vous serre la main affectueusement.

JACOB,
Chef d'escadron d'état-major.

Le commandant donne également communication au bataillon du rapport suivant qu'il a adressé à M. le colonel commandant le 3e régiment de marche.

Mon colonel,

Je m'empresse de vous adresser mon rapport sur la journée d'hier. Parti du cantonnement de Colombes, route d'Asnières, à quatre heures et quart du matin, nous ne sommes, par suite des embarras de la route, arrivés sur le terrain, à la Briqueterie, située au-dessous du plateau de Montretout, que vers deux heures de l'après-midi. Nous nous sommes formés en colonne serrée dans le champ situé à droite de la route ; puis, par un mouvement de flanc, nous avons traversé cette route et, sur votre ordre, nous nous sommes formés en colonnes serrées en avant de la batterie de mitrailleuses située dans la vigne attenant à la Briqueterie. Au bout de quelques instants, la direction des obus comme leur plus grande in-

tensité m'indiquant que le tir de l'ennemi avait pour objectif
le terrain sur lequel nous étions établis, je pris sous ma
responsabilité, et pour sauvegarder la vie de mes hommes,
le parti de faire un double changement de direction face à
l'ennemi et de porter ma colonne dans le chemin creux situé
au pied du plateau, chemin conduisant à la redoute de Montretout; mais, comme dans cette position nous étions dominés
par le plateau et par un talus très-élevé, ce qui nous expo-
sait à une surprise, je crus prudent de porter ma 1re compagnie dans un terrain dépendant de la Briqueterie, de la
déployer en tirailleurs, avec ordre de ne pas tirer, à moins
d'une attaque bien caractérisée. A peine étions nous installés
dans nos positions, qu'une pluie de balles et d'obus tombant
sur la position que nous venions de quitter, démontrait la
justesse de mes prévisions. De l'avis unanime du bataillon,
cette manœuvre a sauvé la vie à beaucoup d'entre nous.
Je cite ce fait, non pour le mettre en relief, mais parce
que, ayant manœuvré sans que l'ordre m'en eût été donné,
je dois mettre ma responsabilité à couvert en prouvant que
cette manœuvre était utile.

Vers quatre heures la batterie de mitrailleuses placée près de
nous battit en retraite, et presque au même instant un bataillon placé à notre droite, au-delà de la Briqueterie, s'enfuit
en désordre; à ce moment la ligne ennemie était très-proche,
puisque nous avons trouvé 1 mort et 3 blessés prussiens à
moins de 60 mètres en avant de nous. Sur l'ordre du général
Noël, je portai d'abord ma 1re compagnie, puis ensuite le
reste du bataillon, en tirailleurs en avant sur le plateau, et
par le même ordre je pris le commandement de la ligne. La
1re compagnie, déployée la première, avait pris pour objectif

une dizaine de maisons situées à gauche, où des Prussiens étaient embusqués et dirigeaient sur nous un feu violent. Le capitaine Nodet conduisit cette opération avec la plus grande bravoure et la plus grande intelligence ; mais, faute d'un nombre d'hommes suffisant, il ne put s'emparer de ces maisons. Il envoya un exprès réclamer 2 compagnies de renfort ; mais, comme j'étais engagé sur la droite, cet exprès ne me rencontra pas, et les ordres que vous aviez reçus ne vous permirent pas d'envoyer ces 2 compagnies, avec lesquelles le capitaine Nodet eût pu chasser l'ennemi des maisons qu'il occupait. Cependant les Prussiens firent des pertes, notamment un homme tué par le caporal Perycave. Pendant ce temps, avec mes trois autres compagnies j'appuyais sur la droite pour soutenir la ligne déployée contre les hauteurs de droite et contre le bouquet de bois situé plus en arrière. Ces positions dirigeaient sur nous le feu le plus violent, en même temps que des batteries d'obusiers, placées au pied du plateau, dans le parc de Saint-Cloud, nous envoyaient une pluie d'obus et de boîtes à mitraille. Vous m'avez, mon colonel, sinon reproché, du moins observé que je m'étais déployé en tirailleurs, sans que l'ordre m'en eût été donné ; cet ordre m'avait été donné par le général Noël en présence des 3 compagnies qui me restaient. Mais dans le cas où le général n'aurait pas souvenir de cet ordre, j'en accepte la responsabilité et j'affirme qu'en présence du mouvement de recul imprimé à notre ligne vers quatre heures ou quatre heures et demie, mouvement accusé par la retraite de la batterie de mitrailleuses et par la débandade du bataillon situé à droite, il était nécessaire de soutenir notre ligne.

Vers cinq heures et quart ou cinq heures et demie, au moment où des hommes que j'avais désignés enlevaient des blessés prussiens faits prisonniers, j'aperçus aux dernières lueurs du crépuscule une colonne ennemie qui, avec beaucoup de précaution, commençait à monter le plateau. Ne voulant pas, dans l'obscurité, m'exposer à être surpris, je ralliai mon bataillon sur le sommet du plateau. Notre ralliement était près de s'achever, lorsque M. le général Trochu et un de ses aides de camp, accourant au galop, vinrent me donner l'ordre de déployer en tirailleurs face en avant, en faisant un demi-changement de direction vers la droite.

Électrisé par l'exemple de M. le gouverneur de Paris et de son aide de camp, le bataillon s'élança avec le plus grand entrain ; mais la colonne ennemie que j'avais remarquée, voyant notre mouvement, et croyant sans doute à des forces supérieures, s'était repliée de même que les troupes prussiennes placées sur le plateau de droite avaient cessé leur feu. Nous restâmes néanmoins les derniers sur le plateau, jusqu'à six heures et demie, où l'ordre de rentrer dans les cantonnements me fut donné. Mes hommes qui étaient restés quinze heures dans des terrains où l'on enfonçait jusqu'à mi-jambe, étaient épuisés de fatigue. Nous rentrâmes dans nos cantonnements à dix heures du soir. Il y avait dix-neuf heures que les hommes avaient sac au dos.

Permettez-moi, mon colonel, de revenir avec insistance sur le déploiement de tirailleurs en avant que j'ai fait, entre quatre heures et quatre heures et demie, au moment où notre ligne pliait.

Je crois qu'à la guerre une troupe de réserve doit se ménager ; mais quand, à la fin d'une journée, le bruit de la fusillade indique que l'ennemi se rapproche, il est nécessaire, comme l'on dit en termes du métier, de marcher au canon. Je crois avoir fait mon devoir en cette circonstance comme dans la première manœuvre. Du reste, ma meilleure justification est dans le mouvement que M. le général Trochu m'a ordonné de faire vers cinq heures et demie, mouvement tout à fait identique à celui que j'avais exécuté une heure plus tôt.

Mon bataillon, qui voyait le feu pour la première fois, s'est admirablement conduit, et a eu toute la solidité de vieilles troupes. Malheureusement nous avons éprouvé quelques pertes. Le sergent Guillion, de la 2ᵉ compagnie, a été tué, et le garde Susse blessé assez grièvement ; le caporal Philippe Molénat, de la même compagnie, blessé assez sérieusement. Le garde Collet, de la 3ᵉ compagnie, a été blessé très-grièvement ; le sergent Vigné, de la même compagnie, a été blessé légèrement, ainsi que le sergent-fourrier Roulleau et le caporal Gallusser. Le garde Tache, de la 4ᵉ compagnie, a été blessé légèrement ; le caporal Marchand, de la même compagnie, a été contusionné, ainsi que le garde Malespine. Nous avons donc eu : 1 tué, 2 blessés grièvement, 1 blessé assez sérieusement et 6 blessés légèrement. Le garde Machard a aussi été blessé, ce qui porte à 11 le chiffre des tués et blessés.

Tout le monde s'est admirablement conduit, mais je citerai plus particulièrement : 1° le capitaine Nodet, de la 1ʳᵉ compagnie, qui a conduit l'attaque des maisons du plateau à gauche ; 2° M. l'adjudant-major Guy et M. le capitaine Guigard, de la 2ᵉ compagnie, qui ont montré beaucoup de bravoure et de sang-froid ; M. le capitaine Cadart, de la 4ᵉ, a conduit sa compagnie avec beaucoup d'entrain, ainsi que M. le capitaine Josselin, de la 3ᵉ. Le lieutenant Huntzinger, de la 2ᵉ compagnie, s'est fait remarquer par sa bravoure et son ardeur. Sur mon ordre, il s'est avancé presque à la nuit close avec 4 hommes pour reconnaître l'ennemi. Il a relevé un officier de mobiles tué et un Prussien blessé. Il s'est alors trouvé en présence d'un fort détachement prussien commandé par un officier. Ce détachement conduisait un officier du 84ᵉ de garde nationale mobilisée, nommé Gérard, ainsi que le garde Lecoq, de la même compagnie. Ces prisonniers ont prié M. Huntzinger d'informer leurs familles de leur situation.

Le sergent Borancy, de la 1ʳᵉ compagnie, s'est conduit avec beaucoup de bravoure et de sang-froid. Ayant eu besoin d'un volontaire pour aller reconnaître les positions ennemies, le garde Guidou, de la 3ᵉ compagnie, s'est bravement présenté, et s'il n'a pas terminé sa mission, c'est parce qu'il a reçu contre-ordre.

M. l'adjudant Tétart s'est montré aussi courageux que dévoué. M. le chirurgien-major Cahours s'est admirablement conduit. Je suis heureux de le citer en première ligne, ainsi que le service médical sous ses ordres. M. Cahours et ses aides, MM. Laugier et Borel, sont restés seuls à panser les blessés dans la maison rouge et dans la maison blanche ; ils n'ont quitté le champ de bataille qu'après l'évacuation de tous nos blessés dans les ambulances.

Les gardes Gillet, Caron, Dupuis et un garde volontaire dont le nom ne m'a pas été donné, ont accompagné M. Huntzinger dans sa reconnaissance.

Se sont signalés par leur bravoure et leur sang-froid MM. les lieutenants de Lansac et Roche, les sous-lieutenants Agniel et Mercier, les sergents-majors Callot, Lebas, Chevraut et Béchu, le sergent-secrétaire Coquelin cadet, les fourriers Roulleau, Nivart et Langlois, les sergents Replumaz, de la 1re (beaucoup de courage et de sang-froid), Badon Pascal, Arfvidson, Rossi, Emy, Rau, Vigné et Martini ; le caporal Perycave, qui a tué un Prussien avec le plus grand sang-froid après avoir plusieurs fois essuyé son feu; les caporaux Dujoncquoy, Fauveau, Gallusser et Saint-Hilaire, les gardes Ducros et Delestre (volontaires de la 2e compagnie sédentaire), Bosch, (volontaire de la 1re compagnie), Cloquemin et Masquilier; le garde Josselin, qui a blessé un Prussien après avoir essuyé son feu ; les gardes Cazeaux, Trévy, Collet, Robiin, Landron, Simondette et Hautier, les gardes Tache, Richard et Malespine.

J'appelle toute votre attention sur nos malheureux blessés grièvement : MM. J. Collet et Susse.

Les hommes étaient tellement fatigués, qu'ils ont perdu quelques effets d'armement et d'équipement dont je dresserai état.

Le chef du 8me bataillon,

SIMON.

Dans le rapport qui précède, on a pu remarquer une phrase expliquant une manœuvre hardie et prudente à la fois, ordonnée par le chef de bataillon. Voici comment les officiers des compagnies de guerre l'ont appréciée, dans une lettre

adressée, le 28 janvier 1871, au général Clément
Thomas :

GARDE NATIONALE
DE PARIS.
—
2ᵉ SUBDIVISION.
—
8ᵉ bataillon.

Général ,

Dans le rapport qui vous a été adressé sur la journée du
19 janvier, vous avez pu apprécier l'attitude ferme et énergique des compagnies de marche du 8ᵉ bataillon de la garde
nationale, qui, pendant toute cette journée, ont résisté aux
efforts de l'ennemi et ont conservé intactes toutes les positions qui leur avaient été confiées.

Tous, officiers, sous-officiers et soldats, ont rivalisé d'ardeur
et si le succès n'a pas répondu à leurs légitimes espérances,
on n'a compté dans leurs rangs ni faiblesse ni défaillance.

Il n'en pouvait être d'ailleurs autrement, lorsque les officiers les premiers ont donné l'exemple du courage et du
dévouement.

Pendant toute cette journée, nous avons été témoins entre
tous du sang-froid et de l'énergie de notre brave commandant le chef de bataillon Simon, qui, le premier au feu, n'a
pas quitté le champ de bataille un seul instant. Tous nous
nous souviendrons de l'avoir vu, malgré une grêle de balles,
sur les hauteurs de Montretout examiner avec un sang-froid
au-dessus de tout éloge la position de l'ennemi et surveiller
les mouvements qui pouvaient menacer ses troupes. Grâce
à son énergie et à son initiative personnelle, nous avons

évité un désastre complet et nous avons pu voir, quelques instants après l'habile manœuvre qu'il nous avait commandée, le terrain que nous venions de quitter couvert par les obus et les boîtes à mitraille de l'ennemi. Que d'existences ont été épargnées !

Nous avons l'honneur d'être avec respect, général, vos bien dévoués subordonnés.

(Suivent les signatures.)

L'officier payeur,
CLÉMENT LEJEUNE,

Nous devons ajouter que tous les bataillons du régiment exécutèrent également la manœuvre dont le chef du 8ᵉ bataillon avait pris l'initiative, et évitèrent ainsi de très-grandes pertes.

Malgré l'insuccès de la journée du 19, malgré les fatigues inouïes causées par dix-neuf heures de marche ou de combat, nous ne pouvions croire à une défaite définitive ; le 20, l'ordre fut donné de compléter les munitions, et nous y puisâmes l'espérance que bientôt nous allions faire une nouvelle tentative.

Le commandant publia un ordre du jour pour féliciter le bataillon sur le courage et le sang-froid dont il avait fait preuve dans la journée du 19, puis aussi pour rectifier quelques fautes de détail ou d'excès de zèle qu'il avait remarquées pendant l'action ; ces fautes étaient si légères, le dévouement de tous si absolu, la confiance des soldats dans leurs chefs et des chefs dans leurs soldats si unanime, que le commandant fondait les plus légitimes espérances sur le prochain combat.

Mais ces patriotiques espérances furent déçues par l'ordre de rentrer dans Paris donné au commandant dans les termes suivants :

GARDE NATIONALE
DU
DÉPARTEMENT
DE LA SEINE.
—
Etat-major général.

Commandant,

M. le général Schmidt nous annonce que tous les bataillons ou régiments de Paris ont ordre de rentrer à Paris; rentrez donc dans vos domiciles respectifs.

Le chef d'état-major,
P.-B. DE MORTÉMART.

Le 22 janvier, lors de l'attaque de l'Hôtel-de-Ville, tout le 8e bataillon prit les armes pour la défense de l'ordre; les compagnies de guerre, sous le commandement du chef de bataillon, occupèrent le palais de l'Industrie, et les compagnies sédentaires, sous le commandement de M. le capitaine Pataille, la place Wagram, pour garder le dépôt des canons.

Le 25 janvier, le général Clément Thomas convoqua, officieusement, les *colonels des bons régiments* et, par une honorable exception, le commandant du 8ᵉ bataillon, pour leur faire une triste communication : il ne restait plus que pour dix jours de vivres. La garde nationale, disait le général, pouvait se sacrifier pour une tentative désespérée ; mais il ajoutait que ce serait un crime de lèse-humanité que de faire mourir de faim une population de deux millions d'habitants. Le général priait donc les officiers présents de préparer les esprits à cette triste nouvelle ; cette communication fut accueillie avec une profonde douleur.

Le 27, elle fut renouvelée officiellement. Pendant la réunion, environ 150 officiers de divers bataillons exaltés pénétrèrent dans la cour de l'Elysée ; ils étaient dans un état d'irritation extrême ; pour les calmer, le général Clément Thomas leur fit un discours, dans lequel il démontra la nécessité de la capitulation ; ce discours ne fit que les irriter davantage, et les officiers d'état-major, les colonels présents et le commandant Simon durent intervenir, pour protéger la personne du brave et infortuné général ; cette scène déplorable peut être considérée comme le **prélude de l'assassinat de la rue des Rosiers.**

Le 27 janvier eut lieu l'inhumation du sergent Guillion, tué à Montretout ; le service d'honneur fut fait par sa compagnie ; et un grand nombre d'officiers, sous-officiers et gardes accompagnèrent à sa dernière demeure ce brave sous-officier. Dans une allocution émue, le commandant se fit l'interprète des regrets du bataillon.

————

Avant de terminer le récit de la part que prit le 8ᵉ bataillon au grand drame du siége de Paris, qu'il nous soit permis d'indiquer des faits et des réflexions que la forme concise de ce précis nous a fait négliger.

Un des grands traits du siége est sans contredit l'esprit de dévouement et de sacrifice dont la population parisienne donna l'exemple. Ces nobles sentiments se maintinrent avec constance jusqu'à la fin, et cela malgré des souffrances et des privations inouïes. Nous affirmons donc, avec l'énergie de la conviction la plus sincère, que le siége de Paris a été héroïque par l'abnégation, de même qu'il l'eût été par la lutte, si la population tout entière avait été appelée à l'action ; mais sous la pression des événements, les nouveaux bataillons furent organisés à la hâte, sans qu'une enquête en eût éliminé les indignes, et ces bataillons, en général, surtout dans les quartiers excentriques, ne purent faire que de mauvais choix ; cette fâcheuse organisation eut une influence considérable sur les opérations du siége, en autorisant la suspicion de l'autorité militaire.

Le bon esprit du 8e bataillon évita ces écueils en nommant d'excellents cadres joignant aux connaissances militaires la fermeté indispensable à la discipline. Les choix furent faits, autant que possible, parmi les anciens militaires et, à l'encontre de ce qui se passe d'habitude dans ces sortes d'élections, ce furent les électeurs qui imposèrent aux élus l'obligation d'être inflexibles sur la discipline.

Le bataillon n'eut qu'à se louer de ses choix, car, sur les milliers de révocations qui furent prononcées par l'état-major général, aucune n'atteignit le 8e bataillon.

Dès les premiers jours du siége, il avait été institué un conseil de guerre par secteur, pour juger les crimes ou délits, et les fautes graves contre la discipline. Voici d'ailleurs le texte même du décret d'institution :

DECRET

DU GOUVERNEMENT DE LA DÉFENSE NATIONALE

Mis à l'ordre du jour de la Garde nationale.

Le gouvernement de la défense nationale :

Considérant qu'il n'est pas de force militaire sans une discipline rigoureuse ;

Considérant que la garde nationale, sur laquelle reposent aujourd'hui la sécurité de la capitale et le salut de la patrie, et qui se montre, par son excellent esprit et les progrès rapides de son éducation militaire, à la hauteur des grands devoirs qui lui sont imposés, doit être désormais astreinte aux lois qui régissent, en face de l'ennemi, toute armée régulière ;

Décrète :

Article 1er. Pendant la durée du siège, les crimes et délits commis par les gardes nationaux sont jugés par des conseils de guerre, dits *de la garde nationale*. Ces tribunaux appliquent les peines édictées par le Code de justice militaire, aux crimes et délits commis dans le service, et la loi commune aux crimes et délits commis en dehors du service.

Art. 2. Il est institué un conseil de guerre permanent dans chaque secteur et un conseil de révision pour l'ensemble de la garde nationale réunie dans Paris.

Art. 3. Les conseils de guerre sont composés de la manière suivante, selon le grade de l'inculpé :

Pour juger un sous-officier ou un garde :

Un chef de bataillon, président ; 2 capitaines, 2 lieutenants ou sous-lieutenants ; 2 sous-officiers.

Pour juger un sous-lieutenant :

Un chef de bataillon, président; 2 capitaines, 2 lieutenants, 2 sous-lieutenants.

Pour juger un lieutenant :

Un chef de bataillon, président; 3 capitaines, 3 lieutenants.

Pour juger un capitaine :

Un chef de bataillon, président; 2 chefs de bataillon, 4 capitaines.

Pour juger un chef de bataillon :

Un commandant de secteur, président; 6 chefs de bataillon.

A chaque conseil de guerre sont attachés : un commissaire de la République remplissant l'office de ministère public, un capitaine rapporteur, un capitaine rapporteur adjoint et un greffier assisté au besoin d'un greffier adjoint.

Art. 4. Le conseil de révision se compose d'un président et de quatre juges; un commissaire du gouvernement et un greffier lui sont attachés.

Art. 5. Dans chaque secteur, les chefs de bataillon élisent six d'entre eux, parmi lesquels le commandant du secteur désigne par la voie du sort le président, et quand il y a lieu, les juges du conseil de guerre.

Dans chaque bataillon, les officiers de même grade élisent un d'entre eux. Il en est de même des sous-officiers inscrits sur ces listes.

Art. 6. Les commissaires du gouvernement, les capitaines rapporteurs et les greffiers sont nommés par le commandant supérieur de la garde nationale.

Art. 7. Le président et les juges du conseil de révision, le commissaire de la République attaché à ce conseil sont nommés par le conseil de l'ordre des avocats près la cour d'appel de Paris.

Le greffier est nommé par le commandant supérieur.

Art. 8. Les plaintes en conseil de guerre sont adressées par les chefs de bataillon aux commandants de secteur, qui saisissent, s'il y a lieu, les conseils de guerre.

Le gouverneur de Paris, le commandant supérieur des gardes nationales sédentaires et les commandants de secteur, peuvent déférer directement un crime ou délit au conseil de guerre.

Art. 9. Outre les peines prononcées par les conseils de guerre, des peines disciplinaires peuvent être infligées par les supérieurs à leurs inférieurs suivant les différents degrés de la hiérarchie militaire.

Ces peines sont :

La révocation de l'officier ou du sous-officier, le désarmement et la radiation du garde national.

La prison pour les officiers, sous-officiers et gardes.

Les arrêts pour les officiers.

Le gouverneur de Paris peut seul prononcer la révocation d'un officier, sur l'avis du commandant supérieur.

Le commandant supérieur prononce la cassation d'un sous-officier sur la proposition du commandant de secteur.

Le chef de bataillon prononce le désarmement et la radiation d'un garde.

Le commandant supérieur prononce au maximum la peine de quinze jours de prison pour les officiers, d'un mois pour les sous-officiers ou gardes.

Le commandant de secteur prononce, dans les mêmes conditions, la peine de quinze jours et huit jours de prison.

Le chef de bataillon inflige quatre jours de prison ; les capitaines deux jours, mais aux sous-officiers et gardes seulement.

Les arrêts sont infligés aux officiers de tout grade par leurs supérieurs, jusqu'au maximum de huit jours.

Les arrêts forcés avec remise du sabre et factionnaire à la porte du domicile, sont infligés jusqu'au maximum de huit jours par le commandant supérieur, les commandants de secteur et les chefs de bataillon.

Art. 10. Pendant la durée du siége, les conseils de discipline créés par la loi du 13 juillet 1851 cesseront de fonctionner.

Paris, le 27 septembre 1870.

(Suivent les signatures.)

Conformément à ce décret, un service judiciaire et un conseil de guerre furent constitués au cinquième secteur auquel appartenait le 8e bataillon, en voici la composition :

CINQUIÈME SECTEUR

SERVICE JUDICIAIRE

MM. Lassis, capitaine d'état-major (délégué pour le service du petit parquet).

Frémard, chef de bataillon, commissaire du gouvernement.

Armand, capitaine rapporteur.

Pochet, capitaine rapporteur adjoint.

Jourdan, capitaine rapporteur adjoint.

Dezairs, lieutenant, greffier.

Harlé, lieutenant, greffier adjoint.

DENIS,   adjudant huissier appariteur.
PORRET,   adjudant huissier appariteur.
BUISSON,   adjudant huissier appariteur.

CONSEIL DE GUERRE

PRÉSIDENTS

Ont été successivement désignés pour présider le conseil :

MM. JANICOT, lieutenant-colonel au 49ᵉ régiment de Paris.
CATOIS, commandant du 222ᵉ bataillon.
RAULLOT, commandant du 155ᵉ bataillon.
DOURADOUX, commandant du 171ᵉ bataillon.

MEMBRES DU CONSEIL

Désignés par le sort sur la liste des officiers et sous-officiers délégués par les cadres de chacun des bataillons appartenant au 5ᵉ secteur.

MM. PATAILLE,   capitaine de la 1ʳᵉ cⁱᵉ du 8ᵉ bataillon.
SILVESTRE,   capitaine de la 5ᵉ cⁱᵉ du 35ᵉ bataillon.
PLAGNOUX,   capitaine de la 7ᵉ cⁱᵉ du 91ᵉ bataillon.
CABARET,   capitaine au 90ᵉ bataillon.
FORTAIN,   capitaine au 207ᵉ bataillon.
RENOUF,   lieutenant à la 1ʳᵉ cⁱᵉ du 227ᵉ bataillon.
MORAND,   sous-lieutenant à la 4ᵉ cⁱᵉ du 113ᵉ bataillon.
BLIGNÉ,   sergent-fourrier à la 2ᵉ cⁱᵉ du 141ᵉ bataillon.
DUVERNET,   sergent à la 7ᵉ cⁱᵉ du 2ᵉ bataillon.
NATTAN,   sergent-fourrier à la 2ᵉ cⁱᵉ du 8ᵉ bataillon.

CONSEIL DE RÉVISION

Institué par le même décret pour toute la garde nationale de la Seine.

MM. DUFAURE, président.
    PLOCQUE, vice-président.
    BOSVIEL, juge.
    BÉTOLAUD, juge.
    DEROULÈDE, juge.
    HARDY, juge.
    DARESTE, juge suppléant.
    ROBERT, juge suppléant.
    COLMET d'AAGE, commissaire du gouvernement.
    MEUNIER, greffier.
    ROCHE-LAVAREILLE, greffier adjoint.

Le conseil de guerre du 5e secteur, qui du 21 octobre 1870 au 14 mars 1871 ne tint pas moins de quatorze séances, eut à juger d'assez nombreuses affaires, mais nous constatons avec une légitime satisfaction que pas une plainte n'y fut portée contre le bataillon, ou contre quelqu'un de ses membres.

Nous avons parlé du manque de confiance de l'autorité militaire en la garde nationale, la bataille de Buzenval-Montretout a démontré combien ce préjugé, qui a été si fatal à l'issue de la lutte, avait peu de raison d'être, au moins pour la majorité des bataillons. Le zèle avec lequel ces bataillons se livraient aux exercices et réclamaient des champs de tir, eût dû éclairer l'autorité militaire, et l'engager à diriger, à titre d'essai, l'instruction de la garde nationale, tant au point de vue des manœuvres qu'au point de vue du tir. Rien ne fut tenté dans ce sens, et si nous constatons ce fait, ce n'est pas pour élever des récriminations, désormais inutiles, mais pour prouver l'injustice de certains écrivains, qui n'ont vu dans le service de la garde nationale qu'un passe-temps. Les compagnies sédentaires du 8e bataillon étaient de garde aux remparts deux et trois fois par semaine, sans compter le service de garde du dépôt des canons de la place Wagram, et des différents postes généraux ou de quartier ; de leur côté, les compagnies de guerre faisaient le service des avant-postes, ou de piquet au palais de l'Industrie.

Si les critiques, qui n'ont vu dans ces divers services qu'une occasion de s'exercer *au jeu de bouchon*, avaient participé à cette partie de la défense, ils seraient plus justes, et comprendraient que le service passif, au milieu de la boue et de la neige, avait quelque chose d'aussi pénible que les émotions et les dangers de la lutte, sans en avoir les excitations. D'ailleurs, est-ce bien à la garde nationale qu'il faut s'en prendre d'avoir été en majeure partie condamnée à un service de garde des remparts ? Quelle nécessité y avait-il de commander chaque jour 60 à 70 000 hommes pour garder une enceinte protégée par une ceinture de forts et par de multiples tranchées ? N'eût-il pas été plus utile d'employer à la garde des tranchées, plutôt qu'à celle des remparts, une partie de la garde nationale sédentaire, qui aurait appris ainsi le côté pratique des armes ? Cette organisation aurait permis à la défense de relever chaque jour 30 à 35 000 hommes de troupes de ligne ou de garde mobile, et de les utiliser, soit pour des attaques offensives, soit pour des travaux d'approche. On s'est borné à employer à ce service le bataillon Flourens, qui s'est débandé lâchement, mais chacun sait que ce bataillon ne représentait nullement la garde nationale, et du reste Montretout l'a vaillamment prouvé. Il est vrai que les bataillons d'ancienne formation ont en général été plus solides que les nouveaux ; cette supériorité a été le résultat de leur esprit de discipline, et de leur dévouement, pur de tout esprit de parti, à la grande cause de la France.

En ce qui concerne le 8e bataillon, les compagnies sédentaires ont fait leur devoir aux remparts comme les compagnies de guerre l'ont fait en face des Prussiens.

La conduite si honorable du 8ᵉ bataillon avait été signalée à l'état-major général, et un décret du 29 janvier 1871, rendu sur la proposition du ministre de la guerre, a promu au grade de chevalier de la Légion d'honneur :

MM. SIMON,   chef du 8ᵉ bataillon.
    GUY,   capitaine adjudant-major.
    CAHOURS, chirurgien-major.

Par le même décret, la médaille militaire fut accordée à :

MM. CADARD,   capitaine.
    TÉTARD,   adjudant sous-officier au 8ᵉ bataillon.
    COQUELIN (cadet), sergent.
    BORANCY, sergent.
    SUSSE,   garde.
    COLLET,   garde.

M. le capitaine NODET, qui avait été porté, en première ligne, pour la médaille militaire, dans le rapport du commandant, eut une mention honorable au *Journal officiel*. M. le capitaine QUESNEY fut également porté, sur le rapport de M. l'amiral DU QUILIO, commandant du secteur, comme digne d'une mention semblable.

Des décrets postérieurs accordèrent :

La croix de la Légion d'honneur aux capitaines PATAILLE, GUIGARD et CADARD, et au lieutenant Geoffroy ;

Et la médaille militaire à MM. BADON-PASCAL, MOLÉNAT, VIGNÉ, PRANGÉRE, DUCROT et RAVENEAU.

CHAPITRE III

ARMISTICE. — 18 MARS.

Nous devons l'avouer en toute sincérité, la nouvelle de l'armistice jeta un découragement profond dans les esprits. Du jour au lendemain, et pour ainsi dire sans transition, la garde nationale perdait toutes ses illusions, l'espérance de vaincre, qui était si fortement enracinée dans tous les cœurs, était brutalement détruite par la triste réalité; ce fut un moment pénible, une sorte d'accablement désespéré, et il fallut tout le bon esprit du 8ᵉ bataillon, tout le dévouement des officiers pour réagir contre ce désespoir patriotique, pour faire comprendre la nécessité de continuer un service qui était la sauvegarde de l'ordre public. Le bataillon ne faillit pas à cette nouvelle mission et, indépendamment de nombreuses prises d'armes prescrites par le général Vinoy, il fut chargé, conjointement avec l'armée, « du service de la ligne de démarcation de l'occupation momentanée de l'armée allemande. » Les ordres relatifs à ces divers services ayant une importance historique, nous croyons devoir les transcrire ici ; ils sont d'ailleurs la réfutation des attaques systématiques qui, depuis, ont été dirigées contre la garde nationale, sans aucune distinction entre les bons et les mauvais bataillons.

A partir de demain, 28 février, un service d'ordre destiné au maintien de la tranquillité sera établi dans chacun des vingt arrondissements de Paris. Ce service sera de vingt-quatre heures et commencera le matin à dix heures pour finir le lendemain à pareille heure ; il sera composé du tiers des bataillons de l'arrondissement ; ainsi, l'arrondissement ayant neuf bataillons en aura trois de service pour vingt-quatre heures en surplus du service habituel.

Ces bataillons seront réunis aux lieux habituels de leur rassemblement ; le chef de bataillon, après avoir constaté la présence des compagnies, partagera le bataillon en deux ; un premier service sera fait par la moitié du bataillon, l'autre moitié rentrera à domicile ; tous les hommes seront de piquet, en attendant de venir à dix heures du soir relever la première partie du bataillon, qui, à son tour, sera de piquet pour être appelée, en cas de convocation urgente, à prendre les armes jusqu'au lendemain dix heures du matin.

Les bataillons devront faire parcourir le quartier par des patrouilles formées chacune d'une compagnie entière avec son cadre, lesquelles patrouilles, ayant connaissance des bataillons composant le service de jour et de nuit, devront passer aux lieux de réunion et s'assurer de l'état du quartier.

S'il était indiqué, par une des patrouilles, un point de l'arrondissement où il se manifesterait un trouble quelconque, le bataillon averti devrait joindre une compagnie à la patrouille afin de faire cesser la cause inquiétante signalée.

Si l'effectif du bataillon ne présentait pas 500 hommes, après le fractionnement, le chiffre serait complété en prenant le nombre d'hommes nécessaires dans la deuxième partie du bataillon, ce qui aura lieu également pour le service de nuit.

Les bataillons enverront le lendemain, à la descente de la garde qui aura lieu à dix heures du matin, leur adjudant-major rendre un compte succinct à l'état-major de la garde nationale, place Vendôme.

Ce service, destiné à maintenir l'ordre dans Paris, se continuera jusqu'à nouvel ordre.

Signé : VINOY.

GARDE NATIONALE
De
LA SEINE.

1re DIVISION.

État-major général.

Paris, 28 février 1871.

MONSIEUR LE COMMANDANT DU 8e BATAILLON,

ORDRE

Le 8e bataillon se rendra, nonobstant tout autre service, le jeudi 2 mars et les 4, 6, 8, etc. mars, à cinq heures et demie, rue de la Paix, près le boulevard, pour y prendre, conjointement avec l'armée, le service de la ligne de démarcation de l'occupation momentanée des armées allemandes.

Il détachera une compagnie dans la rue de la Paix.

Ce service sera de vingt-quatre heures.

Il consistera à se garder militairement, à empêcher de traverser les lignes sous quelque prétexte que ce soit, aussi bien aux soldats étrangers qu'aux gardes nationaux et soldats français, armés ou non.

Le chef de bataillon devra pourvoir au logement de sa troupe par voie de réquisition dans les maisons situées sur son terrain.

En prévision des difficultés de faire parvenir des vivres, il sera alloué un supplément de solde de 1 fr. 50 par homme.

Les hommes seront porteurs de leurs cartouches.

> Le général commandant supérieur,
> ## P. O.
> Le colonel chef d'état-major par intérim,
> CASTÉJA.

Le gouvernement était très-préoccupé des dangers que courait l'ordre public, il connaissait le dévouement et l'esprit de discipline des bataillons d'ancienne formation. Il comptait donc et avec raison sur leur concours, ainsi que le prouve la pièce suivante émanée du 4ᵉ secteur, auquel le 8ᵉ bataillon était attaché depuis le 25 février :

4ᵉ SECTEUR
DE L'ENCEINTE
DE PARIS.
—
ÉTAT-MAJOR GÉNÉRAL.

Paris, 4 mars 1871.

A M. LE CHEF DU 8ᵉ BATAILLON.

MON COMMANDANT,

Nous recevons à l'instant la dépêche suivante du général commandant supérieur de la garde nationale :

« Ordre aux commandants des bataillons des dix premiers

arrondissements de se tenir prêts au premier ordre de l'état-major général pour prendre les armes, au besoin, sans batterie ni de rappel ni de la générale »

Agréez, mon commandant, mes respectueuses salutations.

Le sous-chef d'état-major,
J. CHEILUS.

De son côté, le comité central, de si odieuse mémoire, cherchait, par tous les moyens possibles, à attirer dans son sein les chefs de bataillon ; de nombreuses tentatives furent faites près du commandant Simon pour l'entraîner dans cette association, mais elles furent repoussées avec indignation, et le 8ᵉ fut, croyons-nous, le seul bataillon qui n'eût pas de délégués au comité fédéral.

Le général commandant supérieur ayant, le 10 mars, accordé une permission d'absence au commandant, M. le capitaine Pataille prit le commandement du bataillon. — Voici les principaux passages du rapport qu'il adressa au commandant sur cet intérim :

MON COMMANDANT,

Le 12 mars, j'ai reçu de l'état-major du 4ᵉ secteur l'ordre de rassembler le bataillon qui était consigné à domicile et de faire faire des patrouilles dans le quartier. Cet ordre a été exécuté, mais la tranquillité n'a pas été troublée dans l'arrondissement et le bataillon est rentré sans qu'aucun des rapports des officiers commandant les patrouilles ait signalé la moindre agitation.

Le 15, j'ai assisté, comme vous suppléant, à une réunion des chefs de bataillon de l'arrondissement pour entendre le rapport de celui d'entre eux qui, dans une séance précédente, avait été chargé de sonder les propositions des bataillons qui gardaient les canons de Montmartre. Il est résulté de ce rapport que les gardes nationaux de ces bataillons se lassaient de plus en plus de cette garde qui aggravait considérablement leur service et qu'ils étaient disposés à rendre à chaque bataillon les canons lui appartenant, à la seule condition que cette restitution se ferait séparément et après entente sur l'identité des canons réclamés. — Vous savez que la plupart de ceux de l'arrondissement portant les numéros des bataillons ou des inscriptions distinctives, cette entente devenait facile et il a été résolu que le même chef de bataillon qui avait fait cette première démarche communiquerait aux chefs des bataillons de Montmartre un état indicatif des canons appartenant à chaque bataillon du 2e arrondissement.

Le 17, dans la matinée, à l'heure ordinaire des rapports, le chef d'état-major du 4e secteur m'a fait parvenir un ordre de service pour le 21, indiquant que le 8e bataillon aurait à fournir ce jour-là 60 hommes aux postes de la mairie et de Bonne-Nouvelle et que le surplus du bataillon serait de piquet à domicile.

Mais dans la soirée du 17, à dix heures et un quart, un capitaine d'état-major, qui me dit avoir commencé par aller chez vous, parce qu'il ignorait que vous aviez obtenu un congé, m'a apporté la lettre de convocation ci-jointe :

5

GARDE NATIONALE
DE LA SEINE.
—
ÉTAT-MAJOR GÉNÉRAL.

Paris le 17 mars 1871, six heures et demie du soir.

MONSIEUR LE COMMANDANT DU 8ᵉ BATAILLON,

Le général commandant supérieur de la garde nationale vous convoque, le vendredi 17 mars 1871, à dix heures du soir, à l'état-major général, place Vendôme, n° 22.

La réunion aura lieu chez le général.

Le général commandant supérieur,

Par ordre :

Le lieutenant-colonel major de place.

Signé : P. ERNAULT.

Dix minutes après j'étais à l'état-major, le général nous annonça que des renseignements arrivés dans la soirée faisant prévoir un mouvement grave pour le lendemain ; il avait fait appeler les chefs de bataillon désignés comme devant prendre les armes, afin d'empêcher, par une réunion imposante, le mouvement de se produire. Chaque bataillon devait être rendu à son lieu de réunion à neuf heures, mais le rappel ne devant pas être battu ; les capitaines devaient recevoir l'ordre de convoquer leurs compagnies dès six heures du matin, afin de leur laisser le temps de se réunir.

Je crus devoir demander si, dans cette prise d'armes, les bataillons devaient être appelés à sortir de leurs arrondissements respectifs. Le général s'empressa de répondre qu'il n'en était pas question, que ce n'était là qu'une mesure de précaution pour défendre les quartiers du centre et spécialement l'état-major général contre un envahissement des bataillons de Montmartre et de Belleville annoncé pour le lendemain.

Le général ayant, dans sa réponse, indiqué que les canons de Montmartre étaient la cause première de ce mouvement, je lui fis part de ce qui s'était passé à la dernière réunion des chefs de bataillon et de la promesse qui nous avait été faite, deux jours auparavant, de nous rendre amiablement les canons du 2e arrondissement. « Oui, dit le général, c'est ce que nous avait fait espérer M. Clémenceau, mais il est venu, aujourd'hui même, nous dire que, par suite d'une influence dont il ignorait l'origine, les dispositions des bataillons de Montmartre étaient complétement changées et qu'il ne pouvait plus rien promettre. Par des rapports qui nous sont parvenus ce soir, nous savons que nous devons être attaqués demain à une heure. Si je vous commande pour le matin, c'est pour vous donner le temps de vous réunir et empêcher le mouvement de se produire. »

Il était plus de onze heures lorsque je sortis de l'état-major et, n'ayant pas de planton à ma disposition, je me rendis immédiatement chez l'adjudant-major lui communiquer l'ordre de convocation.

Le 18, matin, à l'heure indiquée, le bataillon arrivait place de la Bourse, et conformément aux instructions que nous avions reçues, nous prenions position à l'intérieur des grilles. — Le cadre des officiers et sous-officiers des compagnies sédentaires aussi bien que des compagnies de guerre était au grand complet, ainsi que vous le verrez par les feuilles de présence, mais il n'y avait qu'un tiers des gardes. J'attribue ce chiffre, relativement peu élevé, à cette circonstance que, lorsque je suis descendu, à six heures du matin, place

Louvois, pour m'assurer si les ordres de convocation avaient
été exécutés, nous avons entendu distinctement plusieurs
coups de canon et peu de temps après différentes personnes
sont venues raconter que la troupe avait repris les canons
et que tout était fini, ce qui était vrai à ce moment et autorisa un grand nombre de gardes nationaux à répondre aux
caporaux chargés de la convocation qu'elle n'avait plus
d'objet.

Au moment, en effet, où le bataillon a pris les
armes, rien ne faisait prévoir ni même supposer
les événements qui se sont accomplis dans l'après-
midi, et l'on est en droit de dire que, si chacun
s'était rendu compte de la gravité des faits qui
suivirent cette prise avortée des canons de Montmartre, le bataillon eût été au grand complet,
comme il l'a été tous les jours suivants.

Quoi qu'il en soit, il résulte du rapport du capitaine Pataille que, n'ayant reçu aucune instruction nouvelle, et ayant inutilement envoyé en
demander à l'état-major général, place Vendôme,
et à l'état-major du 4e secteur, rue d'Aumale, il
dut se borner à faire circuler dans la circonscrip-
tion de l'arrondissement de fortes patrouilles, qui
se succédaient d'heure en heure.

Ce ne fut, continue le rapport, que vers deux heures que
commença à circuler dans les rangs la nouvelle de la fin tra-

gique des généraux Clément Thomas et Lecomte. A ce moment, j'assistais, dans une des salles de la mairie du IIe arrondissement, à une réunion des chefs de bataillon, à laquelle j'avais été convoqué, comme vous suppléant, par une lettre de la mairie, signée de M. Brelay.

C'est à cette réunion que j'appris la triste vérité sur l'assassinat des deux généraux et la défection d'une partie de la troupe. L'avis émis par deux commandants était que, si l'on ne se mettait pas à la tête du mouvement pour le diriger, nous allions être débordés.

Je me rendis immédiatement à l'état-major. Le général d'Aurelles de Paladine, auprès duquel je fus introduit et à qui je fis part des renseignements que je venais de recueillir, était en ce moment en conférence avec le colonel de Brancion. Après m'avoir écouté, il se retourna vers lui en disant : «Vous entendez, colonel, c'est le trentième rapport que l'on me fait aujourd'hui dans le même sens. »

Avant de quitter l'état-major, je demandai l'autorisation de faire sortir le bataillon de l'intérieur des grilles de la Bourse, afin d'avoir toute liberté d'agir et surtout pour ne pas avoir derrière nous le 227e bataillon, qui, sans avoir été convoqué, avait pris position dès le matin, sur l'un des côtés de la Bourse.

Il était quatre heures lorsque je fis sortir notre bataillon de l'intérieur des grilles, et je repris position dans la rue du Quatre-Septembre, en échelonnant les compagnies le long du trottoir de gauche de manière à pouvoir occuper, à un moment donné, toutes les rues adjacentes.

Le bataillon resta ainsi sous les armes toute la soirée sans recevoir ni instructions nouvelles ni même l'avis du départ de l'état-major. Ce ne fut que fort tard que je connus cette retraite par quelques gardes qui avaient pu arriver jusqu'à la place Vendôme. A onze heures, rien n'indiquant que la tranquillité de l'arrondissement dût être autrement troublée, je réunis tous les officiers du bataillon, et sur leur avis unanime je donnai l'ordre à chaque compagnie de rentrer dans son quartier et de se tenir prête à répondre au premier appel.

CHAPITRE IV

Le 19 mars, au matin, le commandant Simon rentra dans Paris et reprit le commandement du 8ᵉ bataillon. Il convoqua aussitôt les officiers pour délibérer sur la marche à suivre en présence des événements de la veille; tous furent d'avis qu'il fallait à tout prix résister au mouvement insurrectionnel et empêcher de nouveaux crimes.

Dans la matinée du 19, les députés de Paris et les maires avaient convoqué, pour l'après-midi de ce même jour, à la mairie du IIIᵉ arrondissement, les chefs des bataillons opposés au mouvement insurrectionnel; la convocation était ainsi conçue :

VILLE DE PARIS.

—

IIᵉ ARRONDISSEMENT, MAIRIE DE LA BOURSE,
RUE DE LA BANQUE.

Paris, le 19 mars 1871.

Monsieur,

J'ai l'honneur de vous inviter à vous rendre d'urgence à la réunion générale des chefs de bataillon qui doit avoir lieu aujourd'hui 19 mars, à trois heures précises, dans la salle du conseil de la mairie du IIIᵉ arrondissement.

Veuillez agréer l'expression de mes sentiments fraternels.

Le maire du IIᵉ arrondissement,

Signé : E. Brélay.

Quelques chefs de bataillons, parmi lesquels figuraient MM. Simon, du 8ᵉ; Thorel, du 10ᵉ, et Mimin, du 54ᵉ, se rendirent à cette convocation. Les députés de Paris et les maires exposèrent qu'il n'y avait d'autre autorité légitime que celle de l'Assemblée nationale, représentant la France; que le gouvernement de M. Thiers, seul, pouvant inspirer confiance, il fallait faire les plus grands efforts pour amener le comité central à abandonner le pouvoir qu'il avait violemment usurpé; en conséquence, ils décidèrent qu'une conférence aurait lieu, le même soir, à la mairie du IIᵉ arrondissement avec les délégués du comité central (1).

De retour de la réunion du IIIᵉ arrondissement,

---

(1) Dans cette réunion, dont les historiens de la Commune ne font pas mention, MM. Clémenceau, Schelcher, Tolain, Tirard, Brisson, Malon et Millière prirent successivement la parole et furent unanimes à reconnaître que le comité central ne pouvait inspirer la confiance nécessaire pour emprunter le montant de l'indemnité de guerre; que cette confiance ne pouvait être inspirée, à la province et à l'étranger, que par le gouvernement de M. Thiers, et que, malgré le peu de confiance des républicains dans ce gouvernement, il fallait le garder, à défaut de mieux (*sic*).

le commandant Simon en exposa les résultats aux officiers du 8ᵉ bataillon qui étaient restés en permanence.

Après examen des mesures à prendre pour amener un groupement des forces de l'ordre, on résolut de créer un centre de résistance dans le IIᵉ arrondissement ; le commandant donna donc l'ordre de réunir le bataillon pour le soir, huit heures, à la mairie. La conférence, projetée pour ce même soir, huit heures, entre les députés de Paris et les maires d'une part, et le comité central d'autre part, secondait parfaitement les projets de résistance du 8ᵉ bataillon ; les députés et les maires, voulant enlever le pouvoir au comité central, devaient craindre un acte de violence de sa part ; l'intervention du 8ᵉ bataillon, pour protéger leur délibération, était donc naturelle, et fut d'ailleurs motivée par la réquisition suivante demandée au maire :

Paris, le 19 mars 1871.

Je prie le commandant Simon de vouloir bien réunir tout ou partie de son bataillon pour garder la mairie du IIᵉ arrondissement.

Le maire,

Signé : P. TIRARD.

Le commandant prit toutes les dispositions de

nature à défendre la mairie contre une surprise ; préalablement, il avait fait faire des démarches près des autres chefs de bataillon de l'arrondissement pour les amener à une action commune, ainsi que l'atteste la lettre suivante :

Mon commandant,

Deux mots à la hâte : nous avons vu M. Thorel, commandant le 10e bataillon ; il approuve d'avance tout ce que vous déciderez, et marchera dans la même voie ; il compte réunir, demain matin, à la première heure, les officiers de son bataillon.

A ce soir, dix heures.

Votre dévoué serviteur,

Signé : J. CRÉMIEUX,
Capitaine au 8e bataillon.

Ce 19 mars, huit heures du soir.

Ce fut là l'origine de la résistance du parti de l'ordre, résistance qui eût pu avoir de grands résultats, si elle avait été secondée ; nous sommes fiers de revendiquer pour le 8e bataillon l'honneur d'en avoir pris l'initiative.

Après de longs pourparlers, qui durèrent presque toute la nuit du 19 au 20 mars, les délégués du comité central promirent qu'ils remettraient le pouvoir aux députés et aux maires de Paris ; mais le 20, cette promesse n'ayant pas été tenue, les chefs de bataillon du IIe arrondissement furent convoqués à la mairie, et arrêtèrent, à l'unanimité, la proclamation suivante :

RÉPUBLIQUE FRANÇAISE.

LIBERTÉ, ÉGALITÉ, FRATERNITÉ.

Concitoyens,

Les députés de Paris unis aux maires et adjoints ont résolu de défendre la République envers et contre tous en maintenant tout d'abord la tranquillité dans la cité.

La municipalité du IIe arrondissement et les chefs de bataillon, s'associant à cette résolution, ont organisé un service de protection et de surveillance dans l'arrondissement. Tout citoyen dévoué à la République leur doit son concours. Toute abstention dans les circonstances actuelles est un crime civique ; nous faisons donc un appel énergique à tous nos camarades pour nous seconder dans l'œuvre de conciliation dont le principe est accepté.

VIVE LA RÉPUBLIQUE !

SIMON, commandant le 8e bataillon,

THOREL, commandant le 10e bataillon.

POYET, commandant par intérim le 11e bataillon.

COLLET, capitaine, commandant par intérim le 92e bataillon.

POISSON, commandant le 100e bataillon.

SÉBILLE, commandant le 148e bataillon.

QUEVAUVILLERS, commandant le 149ᵉ bataillon.
NOIROT, commandant le 181ᵉ bataillon.
BÉCHET, capitaine, commandant par intérim le
227ᵉ bataillon.

Pour donner de l'unité et de la cohésion à la résistance, les chefs de bataillon nommèrent le lieutenant-colonel Quevauvillers, chef du 149ᵉ bataillon, commandant supérieur de l'arrondissement.

Le service fut organisé de manière à ce que 3500 à 4000 hommes fussent constamment sous les armes, et pussent être rapidement soutenus par le reste des forces de l'arrondissement, consignées à domicile.

Comme toujours, le 8ᵉ bataillon se signala par son dévouement civique et, dans toutes les prises d'armes, présenta un effectif de 1 250 à 1 400 hommes, non compris un nombre assez considérable de volontaires de l'armée, de la marine, de la garde mobile et de la garde nationale à cheval, qui avaient demandé à marcher dans nos rangs. Nous devons ajouter que plusieurs élèves de l'Ecole polytechnique se joignirent aux défenseurs de l'ordre.

Cette résistance du parti de l'ordre prit de grandes proportions ; à chaque instant des chefs de bataillon, des capitaines et des officiers des divers bataillons de Paris venaient offrir le concours d'hommes dont ils étaient sûrs, mais il eût fallu pourvoir à leur logement et à leur nourriture, secours qu'il nous était impossible de donner, puisque nous manquions même de munitions.

Des bataillons entiers, notamment le 19e (quartier du Panthéon), le 21e (faubourg Saint-Martin), commandé par M. le lieutenant-colonel Saunier, vinrent, place de la Bourse, prendre part à nos efforts et à nos dangers. M. le colonel de Beaufond, chef d'état-major de l'amiral Saisset, a affirmé que le relevé de ces diverses forces s'élevait à plus de 100 000 hommes (1). Comment concilier ces faits publics, patents, avec la déclaration qu'on attribue à l'amiral Saisset, affirmant qu'il avait fait un appel à la garde nationale, et que 500 *hommes seulement* y avaient répondu ? Cette déclaration de l'amiral Saisset, vraie ou apocryphe, a servi de texte aux plus odieuses calomnies contre la garde nationale de l'ordre ; nous ne pouvons croire qu'un homme d'honneur, un marin, ait pu tenir ce langage erroné. Il est vrai que l'amiral Saisset, qui nous commandait, n'a jamais paru dans nos rangs, ne nous a jamais donné d'ordre direct, et que nous

(1) Voir, dans le journal *la Cloche* du 28 mars 1871, une lettre de M. Beaufond donnant par arrondissement l'état des forces du parti de l'ordre ; cet état s'élève à 115 000 hommes.

n'avons connu son titre de commandant en chef que par les publications faites en son nom sur les murs de Paris ; ce fait seul pourrait donner l'explication de l'erreur si grave et si fâcheuse dans laquelle l'honorable amiral est tombé.

Le commandant du 8ᵉ bataillon, comprenant combien cette abstention du général en chef et ce manqué de direction pouvaient avoir de conséquences graves, se présenta au quartier général du Grand-Hôtel, pour expliquer la situation à l'amiral, *et solliciter des ordres précis* ; après *quatre heures d'attente*, il ne put voir l'amiral, et reçut de M. de Beaufond, chef d'état-major, l'instruction suivante :

GRAND-HOTEL
Boulevard des Capucines
à Paris.
—
RÉPUBLIQUE FRANÇAISE.

Paris, le 23 mars 1871.

GARDES NATIONALES DE LA SEINE (titre officieux).

VICE-AMIRAL SAISSET, COMMANDANT SUPÉRIEUR.

(État-major général.)

Instruction du 23 mars.

Le vice-amiral, commandant en chef des gardes nationales de la Seine, fait connaître que les franchises municipales nous sont rendues, et que les questions des échéances et des loyers sont enfin en bonne voie, grâce aux actives démarches des députés de Paris : « Faites connaître cette nouvelle par tous les moyens possibles. »

En présence de ces mesures de conciliation, le vice-amiral, d'accord avec le gouvernement, prescrit que les bataillons de la garde nationale se borneront à l'*occupation* et à la *défense* (sans provocation aucune ou conflit) de leurs quartiers respectifs, de leurs habitations, de leurs femmes et enfants, en évitant toute espèce de manifestation.

Chaque garde national recevra 1 fr. 50 par jour et les vivres ; 75 centimes sont alloués par jour aux femmes des gardes mariés, par les soins des municipalités élues. Dans le but d'aider la population éprouvée par le siége, le gouvernement, en attendant la reprise du travail, continuera à solder les hommes qui défendent l'ordre et les lois que la nation s'est données, et que des citoyens égarés veulent renverser.

Donnez à cette mesure la plus grande publicité possible.

Les militaires isolés devront être dirigés sur le quartier général (Grand-Hôtel), qui, sans aucunes recherches sur ce qu'ils ont pu faire à Paris, les dirigera sur Versailles, où ils recevront une destination, ou seront renvoyés dans leurs foyers, suivant les cas.

MM. les commandants des bataillons éliront leurs chefs de légion, si ce n'est déjà fait ; ils feront connaître à l'état-major général les noms de ces officiers supérieurs, qui devront se mettre immédiatement en communication avec le quartier général.

Pour la fourniture des vivres, les commandants de bataillon s'entendront avec les municipalités des arrondisse-

ments qu'ils occupent, et devront, autant que possible, se
les procurer sur les lieux mêmes.

Le vice-amiral commandant en chef,
Signé : SAISSET.

Le 22 mars, le commandant ayant été prévenu
que le 114ᵉ bataillon fédéré, de Belleville, avait
empiété sur les limites du IIᵉ arrondissement, en
plaçant des sentinelles à l'angle de la rue Richelieu,
se porta aussitôt dans les rangs du bataillon fédéré
pour faire retirer ces sentinelles.

Le commandant était accompagné du capitaine
Nodet. Ils furent accueillis par les démonstrations
les plus hostiles et deux gardes ivres les couchè-
rent même en joue ; mais des officiers et quelques
hommes raisonnables s'interposèrent, et le commandant put faire appel à leurs sentiments de
concitoyens ; son intervention eut pour résultat le
retrait des sentinelles. De plus, le capitaine commandant le 114ᵉ fédéré obtint du comité central l'autorisation de rentrer à Belleville ; il obtint même,
après dé longues instances, que la mairie du 9ᵉ fût
remise aux bataillons de l'arrondissement, qui,
depuis longtemps, parlementaient pour en prendre
possession. Ce fait prouve qu'avec de la fermeté et
à l'aide de la persuasion, on pouvait arracher au

Comité central beaucoup d'hommes qui ne mar-
chaient que pour les *trente sous.*

Ce même jour, **22 mars**, eut lieu la fusillade de
la rue de la Paix. Vers une heure de l'après-midi,
les porteurs de drapeaux de la manifestation paci-
fique vinrent place de la Bourse pour rallier les
adhérents à cette manifestation.

Le chef du 8e bataillon, qui avait le commandement de la place, leur représenta que, dans des
temps calmes et réguliers, les manifestations paci-
fiques avaient leur raison d'être, mais qu'en présence d'hommes gorgés de vin, ne rêvant que
le pillage et l'assassinat, il n'y avait d'autre manifestation à faire que de prendre un fusil et de
grossir les rangs des défenseurs de l'ordre. Le commandant adjura donc les manifestants de renoncer
à une entreprise qui pouvait avoir les suites les
plus funestes ; mais, ces exhortations n'étant pas
écoutées, il fit saisir les drapeaux et les déposa à
la Bourse, ne voulant pas être responsable mora-
lement d'une entreprise dangereuse et inutile.
Ces sages avis ne furent pas écoutés ; la manifestation se forma sur le boulevard, et quelques instants
après, trente-cinq victimes étaient lâchement
assassinées.

Cet odieux attentat faisait prévoir que la lutte

6

allait s'engager; jusqu'alors les bataillons de l'ordre, tout en se tenant sur la défensive, n'avaient pas pris de dispositions militaires trop apparentes; ils se bornaient à éloigner du IIe arrondissement les fédérés qui se présentaient en corps, et à désarmer les isolés; à cet effet des pelotons barraient les rues aboutissant à la mairie du IIe arrondissement et à la place de la Bourse; de plus, pour éviter toute surprise, des vedettes, échelonnées à de petites distances, reliaient les mairies des Ier et IXe arrondissements avec la mairie du IIe, centre de la résistance, pendant que d'autres sentinelles échelonnées de distance en distance surveillaient la place Vendôme. Les massacres de la rue de la Paix commandaient un redoublement de vigilance; les compagnies de guerre du 8e bataillon reçurent donc l'ordre d'occuper les maisons d'angle des rues du 4 Septembre et Neuve-Saint-Augustin, de manière à pouvoir balayer ces rues par des feux croisés; de leur côté les compagnies sédentaires, formées en colonnes serrées, étaient prêtes à repousser toute attaque venant soit de la rue Neuve-Saint-Augustin, soit de la rue du 4 Septembre. Ces dispositions étaient à peine terminées quand le cri : Aux armes ! fut transmis de proche en proche par les sentinelles échelonnées dans la rue du 4 Septembre, et au même instant une colonne immense, qu'à distance on ne pouvait reconnaître, déboucha de la rue de la Paix.

Quelques instants auparavant, une colonne de fédérés composée de plusieurs bataillons et d'une batterie d'artillerie avait été signalée par les sentinelles des boulevards comme se dirigeant vers la rue de la Paix; c'était donc vraisemblablement cette colonne qui envahissait la rue du 4 Septembre et qui allait engager l'action. Le commandant se porta rapidement en avant pour connaître la situation véritable; il était accompagné de deux élèves de l'Ecole polytechnique; la troupe qui s'avançait poussait des clameurs bruyantes et paraissait escorter des fiacres; en effet, c'étaient les victimes de la rue de la Paix que de courageux citoyens avaient relevées, en quelque sorte sous les balles des assassins et que la foule accompagnait en criant vengeance.

Un ancien député de Paris exposa en termes douloureux, indignés, que la vue des victimes lâchement assassinées devait éveiller la colère de tous les hommes de cœur; que le cortége, en parcourant Paris, ne pouvait manquer d'exciter la vengeance. Le commandant s'unit à cet honorable citoyen pour maudire les meurtriers, mais au nom

même du respect dû aux morts, il engagea les
honnêtes gens qui composaient la manifestation à
rendre ces cadavres sanglants et mutilés à leurs
familles et, ce pieux devoir accompli, à venir se
joindre aux défenseurs de l'ordre. Ce conseil fut
entendu, et quelques instants plus tard de nouveaux volontaires venaient renforcer nos rangs.

Le Comité central, malgré ses ressources puis-
santes en hommes, canons et munitions, n'entama
pas la lutte; il ne se considérait pas encore sûr du
succès...

Le 25 mars, les bataillons de l'ordre présentaient un effectif plus nombreux encore et espé-
raient de plus en plus que leurs efforts seraient
couronnés de succès, quand, vers quatre heures
de l'après-midi, ils apprirent qu'une transaction
était intervenue entre les députés et les maires,
d'une part, et le Comité central, d'autre part,
transaction qui mettait fin à la résistance en autorisant la création de la Commune; vers cinq
heures du soir, un ordre de l'amiral Saisset invita
les gardes nationaux à rentrer dans leurs foyers.
Voici cet ordre :

ORDRE.

J'ai l'honneur d'informer MM. les chefs de corps, officiers, sous-officiers et gardes nationaux de la Seine, que je

les autorise à rentrer dans leurs foyers, à dater du samedi 25, sept heures du soir.

Le vice-amiral commandant en chef la garde nationale de la Seine,
Signé : SAISSET.

Pour copie conforme :

L'aide de camp de l'amiral,
Signé : A. CLÉMENT.

L'amiral était parti depuis plusieurs heures ; la dépêche suivante en fait foi :

L'amiral est parti pour Versailles, où il va donner sa démission de commandant en chef, les maires de Paris l'y ayant invité.

Je suis, etc.

Signé : A. CLÉMENT.

Ainsi finit la résistance du parti de l'ordre, qui, nous le répétons, eût pu avoir de grands résultats, si elle avait été appuyée. Séparés du gouvernement ; armés, pour la plupart, de mauvais fusils, alors que leurs adversaires étaient armés de fusils à tabatière, et même de chassepots; n'ayant ni canons ni munitions, des hommes courageux prirent l'initiative de la résistance au Comité central, alors tout puissant, luttèrent jusqu'à la fin, et ne se retirèrent qu'après que toute base légale de résistance leur eut été enlevée. Cette tentative est la réfutation des calomnies dont la garde nationale de l'ordre a depuis été l'objet.

Après la constitution de la Commune, la situation devint très-difficile pour les officiers du 8ᵉ bataillon ; leur conscience se refusait à obéir au Comité central ; mais, d'un autre côté, cette résistance même passive pouvait avoir les plus graves conséquences pour les gardes sous leurs ordres. Chaque jour le commandant était sommé d'envoyer prendre les ordres à l'état-major de la Commune, chaque jour il refusait ; cette situation ne pouvait se prolonger sans péril, il convoqua à la mairie les officiers du bataillon pour prendre leur avis.

Tous les officiers, moins un, qui se retira immédiatement, furent unanimes pour refuser d'obéir aux ordres de la Commune ; mais en même temps, pour ne pas engager la responsabilité du bataillon, il fut décidé que les démissions seraient données en masse.

Le même jour, 30 mars, un peloton se présentait au domicile de M. Simon, pour l'arrêter ; mais grâce à MM. Hurand, maître de chapelle, à Saint-Eustache, et Palant, du 92ᵉ, il put éviter le sort des otages et se réfugier à Versailles.

A partir de ce moment, le bataillon se trouva

scindé en deux portions : une partie, de beaucoup
la plus nombreuse, quitta Paris, pour ne pas assister aux excès de la Commune, ou pour éviter d'en
être victime; l'autre partie, composée des personnes qui ne pouvaient abandonner leur foyer ou
leurs intérêts, resta dans Paris, et chercha à conserver l'autonomie du bataillon, dans l'espérance
d'éviter le désarmement et l'incorporation des
hommes de vingt à trente-cinq ans dans les bataillons de la Commune. Les cadres furent donc
reconstitués provisoirement, et nous croyons être
dans le vrai en affirmant que ce fut à cette pensée
qu'obéit la portion du bataillon restée à Paris, et
non à un projet de résistance active ou de renver-
sement de la Commune dont quelques ambitieux
ou cerveaux creux ont, depuis, cherché à tirer pro-
fit. Ces efforts ne furent pas complétement couronnés de succès, car, le 15 mai, le bataillon fut
désarmé, et ceux qui avaient jeté l'anathème aux
officiers démissionnaires furent à leur tour con-
traints de se réfugier à Versailles.

Voici quelle était la composition des cadres des
compagnies sédentaires au mois de mars 1871, au
moment où, par suite de l'accord intervenu à la réunion dont nous venons de parler, la plupart des
officiers et sous-officiers donnèrent leur démission.

PREMIÈRE COMPAGNIE

Officiers.

MM. PATAILLE,   capitaine en premier.
    MORIN,   capitaine en second.
    MARIE,   lieutenant en premier.
    BELISSENT,   lieutenant en second.
    BRÉANT,   sous-lieutenant en premier.
    DEMOGEOT,   sous-lieutenant en second.

Sous-officiers.

BAUDRY,   sergent-major.
HURISSEL,   sergent-fourrier.

Sergents.

DAVIET,	ROYER,	ROBERT,
JACTA,	BLOIS,	BOUZON.
BEAUCÉ,	FISCH,	

Caporaux.

LAUBANIE (fourrier),	AUBRIOT,	GIRARD,
PERIGAUD,	GINETTE,	JEANT,
GIDOIN,	COEURÉ,	GUILLIER,
COBUS,	LEMAIRE,	HADAMARD,
NELSON,	BUSSIÈRE,	DERVIEUX.
BEDIER,	FLAGELLA,	

DEUXIÈME COMPAGNIE

Officiers.

MM. QUESNEY,   capitaine en premier.
   CRÉMIEUX,   capitaine en second.
   DUVOY,   lieutenant en premier.
   BUISSON,   lieutenant en second.
   JEANTHEAU,   sous-lieutenant en premier.
   CARON,   sous-lieutenant en second.

Sous-officiers.

CARTIER,   sergent-major.
PENICAUT,   sergent-fourrier.

Sergents.

BERTIER,	DEMARCQ,	MERCIER,
BOISSY,	FRISSON,	POIREZ.
CASSES,	MAS,	

Caporaux.

FAURE (fourrier),	HALOUZE,	BAUDOIN,
LADEUZE,	ROBILLARD,	HOUSSAYE,
BAUBIGNY,	TAILLAND,	GUICHARD,
JEUNET,	BIDON,	THOMAS,
VAUTHEROT,	FLAGEOLET,	F. BERTIER.
BOBILLOT,	VADÉ,	

TROISIÈME COMPAGNIE

Officiers.

MM. COULBEAUT, capitaine en premier.
MONDION, capitaine en second.
ANDANSON, lieutenant en premier.
CHAPUIS, lieutenant en second. '
POINSOT, sous-lieutenant en premier.
COLAS, sous-lieutenant en second.

Sous-officiers.

BERNARD, sergent-major.
BRASSARD, sergent-fourrier.

Sergents.

PELTIER,	MATHÉ,	VIDAL,
MOUGIN,	LAUDRAS,	COURCOL.
NISSON,	COURTEAU,	

Caporaux.

DURON (fourrier),	VAUCHERET,	A. ROTTEMBOURG,
G. ROTTEMBOURG,	DESNOYERS,	GIRARD,
NEVEU,	MARCHAND,	THOMAS,
PETIT père,	VIOLETTE,	POUPART,
PETIT fils,	TRICHARD,	MARQUET.
PLANTIER,	PRINCE,	

QUATRIÈME COMPAGNIE

Officiers.

MM. ARNAUD,   capitaine en premier.
    JÉRAMEC,   capitaine en second.
    SALVATELLI,   lieutenant en premier.
    MIGNOT,   lieutenant en second.
    CHEVALLIER,   sous-lieutenant en premier.
    DROUET,   sous-lieutenant en second.

Sous-officiers.

LOUVET,   sergent-major.
MARQUET,   sergent-fourrier.

Sergents.

BOUFILLIOUT,	QUESNEL,	WEISS,
JARD,	SIGNAC,	VIVAUT.
PILLET,	VERRIER,	

Caporaux.

DELISLE (fourrier),	LIEL,	SCHULLE,
BARGAT,	LEMOINE,	LAUDE,
BLANC,	MARTIN,	LAMBERT,
BRIDOUX,	BEGON,	EVRARD,
HÉLOIN,	FERQUIN,	FILON.
LAFOND,	FARY,	

CINQUIÈME COMPAGNIE

Officiers.

MM. DODIN,   capitaine en premier.
PITOU,   capitaine en second.
GEOFFROY,   lieutenant en premier.
PAQUE,   lieutenant en second.
GENUIT,   sous-lieutenant en premier.
BARTHÉLEMY, sous-lieutenant en second.

Sous-officiers.

BOUTET,   sergent-major.
VANNOY,   sergent-fourrier.

Sergents.

LOUVEAU,	PERCEPIED,	FOULT,
DORANGE,	LITT,	NIVELLE.
LÉGER,	BARON-PRESCHEUR,	

Caporaux.

LAUGERON (fourrier),	CARRIN,	PERRIER,
BAILLY,	DUBOIS,	MICHEL,
P. PRIN,	NOYER,	CLICHY,
LAVERGNE,	DESPREZ,	A. PRIN,
ROUQUETTE,	PETIT,	PLISSON.
BARROY,	MASSON,	

SIXIÈME COMPAGNIE

Officiers.

MM. Beaurepaire, capitaine en premier.
Paquotte, capitaine en second.
Villers, lieutenant en premier.
Roche, lieutenant en second.
Portier, sous-lieutenant en premier.
Vauvray, sous-lieutenant en second.

Sous-officiers.

Briol, sergent-major.
Otjacque, sergent-fourrier.

Sergents.

Boivin,	Mathieu,	Menot.
Couvreux,	Olivier,	Blanchet.
Devamber,	Roger,	

Caporaux.

Rouchon (fourrier),	Lelogeais,	Buisson,
Chappé,	Mainfroy,	Choumer,
Cabassut,	Pinçon,	Haverna,
Chevé,	Prestat,	Hudon,
Leclerc-Noel,	Questel,	Rose.

SEPTIÈME COMPAGNIE

Officiers.

MM. ROUSSEL,   capitaine en premier.
   CROTEL,   capitaine en second.
   CHAROLET,   lieutenant en premier.
   JOSSE,   lieutenant en second.
   FÉLIX,   sous-lieutenant en premier.
   MAIL,   sous-lieutenant en second.

Sous-officiers.

RICHARD,   sergent-major.
DEHU,   sergent-fourrier.

Sergents.

LECOMTE,	DEGREMONT,	MOUILLERON.
LESPIAULT,	VITET,	
PONTONNIER,	DEFOSSE,	

Caporaux.

PÉAN de St-GILLES (f r)	PAINOT,	SOUBRAN,
GOUIN,	PÉRIER,	CHAPELLE,
GUÉRIN,	POIRÉ,	LELOGEAIS,
VASSAL,	CHARLIN,	DUPRÉ,
MARBEAU,	SERRE,	BACQUET.

HUITIÈME COMPAGNIE

Officiers.

MM. FRANK,   capitaine.
     BARBELET,   lieutenant en premier.
     ROGER,   lieutenant en second.
     DESFOUX,   sous-lieutenant en premier.
     PUCHEU,   sous-lieutenant en second.

Sous-officiers.

BRUNSCHWIG, sergent-major.
ABEL,   sergent-fourrier.

Sergents.

DUCHAUSSOY,	MARAGE,	SUEUR,
LAGESSE,	MICHEL,	THOMAS.
MANAUT,	RAINAUD,	

Caporaux.

DEPIERRE (fourrier),	FELDTRAPE,	ROUBAUDI,
BONNET,	JUDAS,	SELLE,
BOUISSON,	LARGE fils,	SPÈRE,
BRÉMONT,	MOULIN,	THOMAS,
CAREY,	ROBERT,	TOULLIER.
COGNET,	ROCHE,	

CHAPITRE V

Nous savons parfaitement que ce n'est pas uniquement par les résultats qu'il faut apprécier la conduite de ceux qui, volontairement ou involontairement, se trouvent mêlés aux faits s'accomplissant dans des mouvements populaires pareils à ceux qui ont affligé tous les honnêtes gens et ensanglanté la capitale. Aussi, ayant accepté la mission de rédiger un précis historique du 8ᵉ bataillon et non de juger la conduite individuelle de quelques-uns de ses membres, nous ne pouvons mieux faire, pour conserver notre impartialité d'historien, que de laisser la parole à ceux qui ont pris part à cette réorganisation du 8ᵉ bataillon pendant la Commune, en constatant qu'il résulte, tant des renseignements qui nous ont été donnés que des procès-verbaux mêmes des élections qui furent nécessitées par cette réorganisation, que l'effectif du bataillon se trouvait déjà, aux premiers jours d'avril, réduit à 360 officiers, sous-officiers ou gardes.

Sous le mérite de ces observations, voici les seuls documents authentiques que nous avons recueillis sur ce qui s'est passé du 30 mars, jour de la démission de la grande majorité des officiers, et le 21 mai, jour de notre rentrée dans Paris. Ces documents portant la signature de leurs auteurs, nous n'avons pas besoin d'ajouter que nous leur en laissons l'entière responsabilité.

Voici d'abord le texte de deux lettres des 20 et 25 avril, telles qu'elles ont été publiées par le journal auquel nous les avons empruntées. Nous nous bornons à faire remarquer que toutes deux se terminent par cette mention : *Suivent les signatures des officiers du 8ᵉ bataillon,* sans en indiquer les noms ni le nombre, et qu'en tous cas il ne peut s'agir là que de quelques officiers non démissionnaires qui étaient restés dans Paris ou de ceux qui avaient été nommés pendant la Commune.

EXTRAIT DU JOURNAL L'*AVENIR NATIONAL*
du 22 mai 1871.

La communication suivante vient d'être adressée au chef d'état-major de la place :

Paris, le 20 avril 1871.

Citoyen,

En réponse à l'ordre du ministre de la guerre, que vous m'avez transmis, j'ai l'honneur de vous informer des résolutions qui ont été prises par les officiers du 8ᵉ bataillon, que

7

j'ai immédiatement convoqués, ne voulant pas prendre une détermination sans les avoir consultés.

Voici, citoyen, ce que le conseil des officiers du 8ᵉ bataillon propose et s'engage d'honneur à faire respecter par tous les gardes.

Je vous prie, citoyen, de soumettre à l'état-major de la place la demande que le 8ᵉ bataillon lui présente, en même temps que la déclaration que le 8ᵉ bataillon fait par l'organe de ses officiers, en vous autorisant à donner à cette déclaration toute la publicité que vous jugerez convenable :

« Le 8ᵉ bataillon demande le retrait de l'ordre de désarmement.

« Il s'engage d'honneur à ne jamais prendre les armes ni faire acte d'hostilité contre le gouvernement de la Commune, affirmant sa complète neutralité.

« Le 8ᵉ bataillon fait la déclaration suivante :

« Il reconnaît la République comme le seul gouvernement possible en France et s'engage à n'en reconnaître aucun autre.

« Il adhère au principe communal administratif et désire que les maires, ainsi que les conseillers municipaux, soient nommés par le suffrage universel. »

Veuillez agréer, citoyen, mes salutations fraternelles.

Le commandant du 8ᵉ bataillon,
Signé : A. CADART.

Le capitaine adjudant-major,
Signé : GUY.

(*Suivent les signatures des officiers du bataillon.*)

EXTRAIT DU JOURNAL L'*AVENIR NATIONAL*
du 27 avril 1871.

On nous communique l'adresse suivante, qui va être placardée sur les murs de Paris :

RÉPUBLIQUE FRANÇAISE.
LIBERTÉ, ÉGALITÉ, FRATERNITÉ.

Paris, 25 avril 1871.

Le 8ᵉ bataillon de la garde nationale de la Seine à ses concitoyens.

Le 8ᵉ bataillon, ému profondément de voir se prolonger une guerre civile si fatale à la France,

Persuadé que cette guerre n'est que le résultat d'un malentendu déplorable, et aussi de l'aveuglement de quelques-uns, déclare adhérer entièrement aux principes émis par la ligue d'union républicaine des droits de Paris.

Il fait appel aux bataillons de la garde nationale qui jusqu'alors n'ont pas cru devoir prendre une part active à la lutte fratricide et liberticide qui désole notre cher pays, afin de déclarer hautement que la population éclairée de Paris ne croit pas pouvoir rester plus longtemps indifférente, à la vue du sang français ainsi prodigué, et pour s'interposer entre les belligérants pour tâcher d'arrêter l'effusion du sang, et faire reconnaître les droits de Paris.

Les seuls sentiments qui animent le 8ᵉ bataillon sont un amour profond pour la République et un amour non moins vif pour ses concitoyens.

Le 8ᵉ bataillon propose à tous les bataillons, qui comme lui, voyant des frères dans les deux camps, n'ont voulu prendre parti pour aucun, mais qui croient aussi qu'il y a lieu d'affirmer à l'Assemblée nationale, qu'en prolongeant cette lutte et en employant les mêmes moyens que l'Europe entière a maudits lorsque les Prussiens s'en sont servis, elle ne fait rien d'utile à sa cause, augmente nos ruines et meurtrit la Patrie, au bénéfice de l'ennemi par qui notre territoire est encore souillé.

Le 8ᵉ bataillon propose donc aux bataillons qui partagent ses sentiments, d'adhérer au programme de la ligue de l'union républicaine des droits de Paris, et de nommer des délégués afin d'obtenir du gouvernement de la Commune l'autorisation nécessaire pour aller à Versailles présenter ce programme à l'Assemblée nationale et tenter une démarche solennelle de conciliation.

Vive la France ! vive la République !

Le 8ᵉ bataillon nomme comme délégués, à l'unanimité, les citoyens : ROBERT, Achille VILLERS, Armand CHEVÉ.

Ont signé : M. CADART, chef du bataillon, et les officiers et sous-officiers.

Paris, 14 mai 1871.

Le 8ᵉ bataillon étant désarmé par ordre, demain dans la journée, les commandants de compagnie procéderont au désarmement. Nous n'avons que la journée pour éviter des perquisitions à domicile. Le service de demain n'aura pas lieu.

Les sergents-majors en versant les fusils à la Bourse auront le soin de remettre un état indiquant le nom des hommes versant des armes et se feront remettre un reçu.

Pas de rapport demain matin, lundi, 15 courant.

Par ordre du chef de légion,

Le capitaine adjudant-major,
Signé : GUY.

GARDE NATIONALE
de
LA SEINE.

2ᵉ SUBDIVISION.

Paris, le 15 mai 1871

ORDRE DE DISSOLUTION DU 8ᵒ BATAILLON.

Prévenir toutes les compagnies, demain, si les fusils ne sont pas rendus à dix heures du matin à la mairie, le désarmement sera effectué par la force armée et sur l'ordre formel de la Commune et du chef de légion.

Le chef de la 2ᵉ légion,
Signé : E. GRILLE.

EXTRAIT DU JOURNAL L'*AVENIR NATIONAL*
du 29 avril 1871.

Paris, 27 avril 1871.

Monsieur le rédacteur,

Hier, vous avez inséré dans votre estimable journal la protestation de MM. Faré, Guerin et Cᵉ, propriétaires des grands magasins de la Paix, contre la tentative d'arrestation faite chez eux contre la personne de M. Andanson, lieutenant au 8ᵉ bataillon.

Ces messieurs se plaignaient surtout de la façon de procéder de l'officier chargé de cette arrestation.

Vous ajoutiez que vous croyiez savoir que les officiers du 8ᵉ bataillon, émus de cette tentative d'arrestation, avaient chargé deux d'entre eux de s'informer, auprès de l'autorité militaire, des motifs de cette mesure.

En effet, les officiers du 8ᵉ bataillon étaient réunis pour discuter les termes de leur appel à leurs camarades, dans un but de conciliation, appel que vous avez bien voulu publier, lorsqu'on est venu leur apprendre la tentative faite contre la personne de M. Andanson.

Cette nouvelle produisit une certaine irritation, bientôt calmée d'ailleurs, car il ne vint à la pensée d'aucun d'eux que l'ordre d'arrestation eût été donné arbitrairement par l'autorité, et comme un outrage au bataillon.

Quant aux procédés de l'officier chargé de l'exécution de cet ordre, personne ne songea à rendre la Commune responsable de la façon violente avec laquelle cet officier croit devoir s'acquitter des missions qui lui sont confiées.

L'idée qui prévalut fut que M. Andanson avait donné lieu, par un acte tout à fait personnel, à la mesure rigoureuse prise contre lui.

Il fut aussitôt décidé que l'on s'informerait, auprès de l'autorité militaire de l'arrondissement, du motif qui avait nécessité cette mesure.

Le commandant Cadart alla immédiatement trouver M. Grille, chef de la légion du IIe arrondissement, qui lui affirma et voulut bien répéter cette affirmation à moi-même et à MM. Villers et Chevé, mes collègues comme délégués du 8e bataillon, que M. Andanson, dans une réunion de sa compagnie, avait proposé à ses camarades de résister par la force, dans le cas où un ordre de désarmement donné au bataillon aurait été mis à exécution par l'autorité militaire.

Nul doute que M. Andanson ne se soit laissé emporter par un sentiment bien naturel à tout bon citoyen qui, n'ayant pas démérité, voit une offense à sa dignité et à son honneur dans un désarmement forcé, mais nul doute aussi que, le premier moment passé, M. Andanson ne se soit conformé au désir de conciliation si fortement manifesté par tous ses camarades, et ait repoussé loin de lui toute mesure violente opposée à l'esprit du bataillon, qui, poursuivant uniquement une œuvre que personne ne peut blâmer, est en droit de ne redouter aucune espèce de vexation.

Je dois ajouter, monsieur le rédacteur, que comme délégué du bataillon, et dans les rapports très-courts que j'ai eus, ainsi que mes collègues, avec M. Grille, chef de légion, nous avons trouvé l'urbanité la plus parfaite et la meilleure volonté pour nous faciliter les moyens dont nous pouvons avoir besoin pour accomplir l'œuvre si utile que nous poursuivons.

Veuillez agréer, monsieur le rédacteur, l'assurance de ma considération la plus distinguée.

ROBERT,
Délégué du 8e bataillon.

A MONSIEUR SIMON, CHEF DU 8ᵉ BATAILLON DE LA GARDE NATIONALE DE LA SEINE.

Paris, 14 juin 1871.

Mon commandant,

A peine arrivé à Paris, j'apprends que ma conduite pendant la période de la Commune est interprétée, par quelques personnes, d'une façon tout à fait contraire à la vérité.

Je ne veux citer personne, car il me répugne de mettre qui que ce soit en cause, mais, suivant le conseil de mes amis, sachant que rien de ce qui intéresse le bataillon ne vous est indifférent, je viens vous exposer ma conduite, et comme sergent-major provisoire de la 2ᵉ compagnie, et comme délégué provisoire du 8ᵉ bataillon, en ajoutant que, s'il est besoin d'explications, je suis tout à votre disposition, ne craignant ni ne redoutant la lumière.

Comme ma conduite personnelle est liée à celle du bataillon, permettez moi de reprendre les choses un peu de haut.

Après la prise d'armes de la place de la Bourse, à laquelle je n'ai pas manqué, et la convention des maires, à laquelle tout le monde céda alors, les uns avec regret, les autres croyant bien faire, mais tous à tort, ainsi que l'avenir l'a prouvé, vous aviez été obligé de vous rendre à Versailles, pour éviter une arrestation imminente. Par des motifs bien divers, un grand nombre des officiers du bataillon donnèrent leur démisssion et quittèrent Paris, abandonnant ceux à qui la fuite n'était pas possible à la plus terrible situation qu'il soit possible d'imaginer.

Le bataillon, fidèle à son devoir, attendit pour se réorganiser que la force dominante l'y ait contraint, imitant en cela ceux du quartier qui étaient en communion d'idées avec lui. Il se réorganisa simplement pour sauvegarder son indépendance, empêcher un désarmement qui aurait fourni des armes aux ennemis du gouvernement, et pour n'exposer aucun de ses membres à l'effet désastreux des décrets de la Commune.

Lors de la nomination du cadre de la 2ᵉ compagnie dont je faisais partie, chargé de rédiger le procès-verbal d'élection qui fut remis à M. Loiseau-Pinson, adjoint encore en fonction, il fut bien constaté que ces élections n'étaient que provisoires et pour parer aux nécessités du moment, et que la démission serait de droit après le rétablissement de l'ordre.

La nécessité de la réorganisation ne peut être mise en doute par personne. Le spectacle du 9ᵉ arrondissement, si voisin de nous, cerné et occupé par les forces communales, les jeunes gens, les pères de famille de moins de quarante ans enfermés dans l'église Notre-Dame de Lorette et puis enlevés à leurs familles, embrigadés de force dans des bataillons étrangers, tout cela prouve surabondamment quel eût été notre sort, si nous nous étions laissé désorganiser à cette époque.

Réorganisé, le bataillon n'en était pas moins exposé à de nombreuses tracasseries de la part des agents de la Commune, et aussi à celles suscitées par la jalousie des autres bataillons de l'arrondissement. C'est pour parer à ces dangers qui avaient causé trois ordres successifs de désarmement, que les deux lettres aux journaux furent faites.

L'une fut trouvée très-anodine, et on n'en tint pas compte ; l'autre, rédigée dans l'esprit de conciliation, seul terrain d'opposition possible, fut taxée d'être un appel à la révolte contre la Commune, et comme elle devait être affichée, les affiches prêtes (et je puis le dire, impatiemment attendues par plus de vingt bataillons qui n'attendaient que l'affichage pour faire une adhésion officielle), l'autorisation d'afficher nous fut brutalement retirée.

Ces deux lettres reçurent les signatures de plus de trente officiers et sergents-majors du 8ᵉ bataillon et l'approbation générale. Leur effet, qui eût été plus grand sans l'arbitraire qui l'entrava, eut du moins pour résultat d'arrêter passagèrement les menées des ennemis du bataillon.

Quelques jours après, un nouvel embarras vint nous agiter. Le comité central, dont l'action était non moins à

craindre que celle de la Commune, intima l'ordre au bataillon de fournir ses trois délégués au conseil de légion.

Après discussion, suivant l'exemple des 10ᵉ et 11ᵉ bataillons de notre quartier, il fut décidé que ces délégués seraient
nommés, toujours dans le but d'éviter un désarmement.

Chaque compagnie se rassembla et nomma un délégué.
Voici les noms des délégués ainsi nommés :

Première compagnie, M. Virmaître ;
Deuxième compagnie, M. A. Robert ;
Troisième compagnie, M. Alluze ;
Quatrième compagnie, M. Couvrat ;
Cinquième compagnie, M. Simon ;
Sixième compagnie, M. T. Boulanger ;
Septième compagnie, M. Claparède ;
Huitième compagnie, M. Lepany ;
Neuvième compagnie, M. Godard.

Ce fut parmi ces neuf noms mis dans le fond d'un cha-
peau que le sort désigna M. Charles Virmaître, M. Toussaint
Boulanger et moi, M. Robert, pour remplir la difficile
mission non de représenter, mais bien de défendre le 8ᵉ bataillon contre les tentatives de ses ennemis.

Peu de jours après, l'ordre d'assister à une revue passée
par les délégués de la Commune au 2ᵉ arrondissement
arriva. Cet ordre faisait craindre à tous que le bataillon,
entouré de bataillons hostiles, ne fût obligé de répondre à
l'offre d'un discours et d'un drapeau rouge ; deux choses que
tous nous repoussions avec indignation.

Comme délégué du bataillon, à la sollicitation de M. Villers, capitaine provisoire de la 6ᵉ compagnie, et accompagné

par lui, je me rendis à la mairie du 2ᵉ, après la décision prise au rapport au sujet de la revue.

Là, au risque d'être immédiatement arrêté, je dis à M. Grille, chef de légion de la Commune, que le 8ᵉ bataillon se rendrait à la revue, mais qu'il ne fallait compter que sur son silence, et qu'il refusait par avance toute espèce de discours et de drapeau rouge, décidé à se retirer si une offre semblable lui était faite.

Je crois pouvoir dire sans ostentation que ce langage n'a pas été tenu par beaucoup. J'ai cru devoir le tenir, M. Villers dont l'honorabilité ne peut être suspectée est là pour en témoigner. De plus, M. Villers insista sur un gage de sécurité qui avait été promis ; ce gage était la remise de cartes d'identité pour tous les gardes du bataillon comme gardes sédentaires, quel que fût leur âge. Ces cartes étaient rendues nécessaires pour n'être pas inquiété et soumis à une arrestation arbitraire.

Tout fut promis ; de notre part, nous donnâmes notre parole d'honneur que nous ne donnerions pas de cartes d'identité à des individus étrangers au bataillon.

La revue eut lieu ; vous savez, mon commandant, quelle a été la tenue digne et ferme du bataillon en cette circonstance.

Chargé par M. Guy, capitaine adjudant-major, de faire faire les cartes d'identité, j'en fis faire sept cents. On m'a appelé *communeux* parce que je fis des protestations au rapport contre la distribution de ces cartes, mais ces protestations n'ont jamais dépassé le seuil de la salle du rapport. Engagé par ma parole d'honneur, mon devoir était de veiller à ce qu'elle ne fût pas violée. C'est surtout envers ses ennemis qu'on doit tenir une parole donnée.

Huit jours après la revue, MM. Virmaître, Boulanger et moi, nous fûmes pour la première fois convoqués au conseil de légion, M. Guy me transmit l'ordre que je transmis ensuite à mes collègues.

Nous nous rendîmes a ce conseil. M. Virmaître, prévenu avant la séance du sort qui nous attendait, m'engagea à servir de secrétaire, en me disant qu'au moins je serais plus utile et mieux placé pour nous défendre. J'acceptai, en comprenant cette raison et quoique notre défense fût bien difficile devant une assemblée décidée à condamner à l'avance.

A peine la séance fut-elle ouverte, que le président accusa de trahison les 8e, 10e et 11e bataillons ; le 10e ayant fourni deux compagnies de guerre fut écarté, mais toute la rage des individus présents retomba sur les 8e et 11e bataillons et sur nous, leurs représentants. Malgré mes efforts, ceux de M. Boulanger et ceux de M. Berthaud, commandant provisoire du 11e bataillon, la dissolution de ces deux bataillons et leur désarmement furent votés à l'unanimité au milieu de vociférations haineuses et sans qu'il nous fût possible d'obtenir même les motifs de cette condamnation.

La proposition de nous incorporer dans des bataillons de Belleville fut même faite, mais heureusement repoussée, sur les observations de M. Boulanger et les miennes appuyées par les représentants du 10e bataillon.

A ce moment arriva un ordre ainsi conçu d'après M. Ch. Virmaître qui, placé derrière le chef de légion, put lire pardessus son épaule :

« Ordre d'arrêter immédiatement les délégués du 8e bataillon, et d'envoyer le bataillon au quai d'Orsay pour le désarmer. »

M. Virmaître eut le bonheur (après avoir lu cet ordre) de pouvoir sortir de la salle et de se sauver ; quant à moi et à M. Boulanger nous restâmes, ignorant il est vrai la teneur de cet ordre, mais nous doutant, aux regards lancés sur nous et aux demi-mots lancés par le chef de légion, de ce qu'il pouvait contenir.

Nous dûmes notre salut à cette particularité que la mairie du 2e où nous nous trouvions était précisément gardée par une compagnie du 11e bataillon, qui certes n'aurait pas prêté les mains à notre arrestation.

Le mode de désarmement fut mis ensuite en discussion, et c'est au prix de mille peines et de mille dangers que nous obtînmes que ce désarmement serait fait par les compagnies elles-mêmes.

Laissés libres par miracle, avant de quitter la salle de réunion nous cherchâmes à obtenir du chef de légion les motifs de la condamnation du bataillon, nous le suivîmes jusque dans son cabinet, le sommant de nous faire connaître ces motifs. Ce fut alors que seul et isolé de ses séides, il nous dit que M. Cadart l'avait entraîné dans une maison étrangère et que là on lui avait fait des offres qu'il avait repoussées ; mais que peu soucieux d'être fusillé par les siens il s'était vu forcé de demander la dissolution des 8e et 11e bataillons et l'arrestation des principales têtes de ces bataillons.

Ce n'est que deux jours après, le mardi matin et sur de nouvelles menaces, que le désarmement fut opéré, très-imparfaitement, comme on a pu le constater ultérieurement, sans aucune pression ni violation de domicile. Quant à moi, comme sergent-major provisoire de la 2e compagnie, je ne rendis que soixante-seize fusils, ainsi que le reçu ci-joint le constate.

L'ordre de désarmement fut donné aux sergents-majors par M. Guy, notre capitaine adjudant-major régulier, et de plus, pour dégager sa responsabilité et la nôtre, moi, M. Godard sergent-major de la 2ᵉ de guerre, et le sergent-major de la 3ᵉ sédentaire, nous exigeâmes du chef de légion un ordre écrit constatant que nous n'obéissions qu'à une pression.

Je vous joins ces deux ordres.

Je vous ferai remarquer, commandant, que le désarmement fait par les sergents-majors a empêché les perquisitions faites par des étrangers surtout chez les absents en si grand nombre et que, sur plus de deux cents personnes comprises sur les contrôles de chaque compagnie après la fusion des compagnies de guerre, il n'a été remis qu'une moyenne de quatre-vingts fusils environ par compagnie.

Condamné, sous le coup d'une arrestation immédiate peut-être, quoique mon domicile réel fût inconnu de ces messieurs de la légion, après avoir vu M. Virmaître qui se cachait comme moi, et qui me révéla la teneur de l'ordre envoyé le dimanche au chef de légion, cédant aux sollicitations de ma femme et de ma famille, je quittai Paris, grâce au dévouement du capitaine Nodet, qui me fit sortir de Paris et m'accompagna deux jours dans ma fuite.

Voici, mon commandant, l'exposé de ma conduite. Je crois que les dangers ont été grands pour moi et mes collègues. Mes actes ont toujours été loyaux et fidèles à la parole donnée. Si on y voit certaines concessions, qu'on réfléchisse aux terribles circonstances au milieu desquelles nous étions placés. Le 8ᵉ bataillon n'a rien fait contre le devoir, et jusqu'au dernier moment a su, en se sauvegardant, sauvegarder son quartier.

Nous avons obtenu, au prix de dangers personnels, nous pouvons le dire, qu'il ne fût fait aucune perquisition, que personne, quel que fût son âge, ne fût inquiété chez nous, et que le 8ᵉ bataillon ne fournît ni une compagnie ni même un seul homme aux incendiaires qui combattaient l'armée.

Je vous prie d'excuser la longueur de cette lettre et d'agréer, mon commandant, mes respectueuses salutations.

Arthur ROBERT,
Ex-sergent-major provisoire
à la 2ᵉ compagnie du 8ᵉ bataillon,
29, rue Jean-Goujon.

CHAPITRE VI

Dans la soirée du 18 mars, l'état-major général s'était retiré à Versailles ; ce fait, joint à la démission de l'amiral Saisset et à l'ordre par lui donné le 25 mars aux bataillons qui résistaient encore de rentrer dans leurs foyers, laissait la garde nationale sans chefs légaux en présence de l'état-major installé par le comité central. D'un autre côté, l'appui que le parti de l'ordre avait trouvé dans les maires et les députés de Paris lui faisait défaut à partir de la transaction du même jour 25 mars intervenue entre eux et le comité central, transaction qui autorisait l'élection des membres de la Commune pour le lendemain 26.

Quant aux officiers du 8ᵉ bataillon qui, le 19 mars, avaient pris l'initiative de la résistance au comité central et qui, hautement, s'étaient déclarés les adversaires de la Commune, ils ne pouvaient ni lui obéir ni feindre de s'y rallier sous le voile de la neutralité ; d'ailleurs ils considéraient qu'au jeu terrible des révolutions la neutralité ne conduit trop souvent qu'à l'impuissance. Eussent-ils pu déguiser leurs sentiments, qu'ils n'auraient réussi qu'à rendre le bataillon suspect; leur démission seule pouvait laisser à chacun la liberté d'agir selon les événements et suivant ses intérêts. Le résultat a prouvé la sagesse de cette appréciation, puisque, malgré les efforts exposés dans les pièces rapportées au chapitre précédent et leur succès relatif, le bataillon n'a pu éviter le désarmement et a été contraint, lui, le bataillon d'ordre par excellence, à voir publier en son nom des lettres qui, certes, n'exprimaient pas les sentiments de la majorité.

Les officiers démissionnaires s'étaient pour la plupart retirés à Versailles, où, comme nous l'avons dit, l'état-major s'était rendu dès le 18 mars et avait été reconstitué sous le commandement supérieur de M. le colonel d'état-major Corbin ayant sous ses ordres M. le colonel Beaudouin de Mortemart comme chef d'état-major, et M. le colonel Ernault comme major de place.

Un décret du gouvernement, daté de Versailles du 10 avril, avait refusé d'accepter les démissions des officiers régulièrement nommés avant le 18 mars, en déclarant ces démissions nulles et non avenues; des ordres du jour, du mois de mai, décidèrent que les officiers nommés à titre *provisoire* dans les bataillons de l'ordre à Paris conserveraient leurs grades, mais qu'ils seraient subordonnés à leurs *titulaires.*

Les bataillons de l'ordre se trouvaient ainsi constitués à triple cadre : les doubles cadres nommés régulièrement sous le siége, et les cadres provisoires nommés sous la Commune.

Les opérations militaires contre la Commune avançant, le commandant sollicita du chef d'état-major général l'autorisation de réunir à Versailles les membres épars du 8e bataillon pour le reconstituer et se joindre à l'armée de l'ordre. Cette autorisation fut accordée par la lettre suivante ·

ÉTAT-MAJOR GÉNÉRAL
des
gardes nationales.
—
N° 219.

Versailles, 19 mai 1871.

Mon cher commandant,

Vous voulez bien me faire connaître qu'un assez grand nombre de gardes nationaux du 8e bataillon manifestent l'intention de se joindre à l'armée de l'ordre, et vous me demandez l'autorisation de les réunir à Versailles dans ce but; vous vous proposez même, à l'aide de cette manifestation, de ramener à vous beaucoup de leurs camarades restés à Paris et qui voudraient pouvoir se soustraire aux funestes influences exercées sur eux.

Je vous accorde volontiers cette autorisation et, aussitôt que votre projet aura reçu un commencement d'exécution, je vous obtiendrai la solde et un cantonnement pour vos gardes nationaux ralliés à la cause de l'ordre. J'écris au reste à ce sujet à tous les commandants supérieurs d'arrondissement pour leur donner des instructions conformes.

Recevez, mon cher commandant, l'assurance de mes sentiments les plus distingués.

Le colonel chef d'état-major général,
Signé : Ch. Corbin.

La brusque rentrée des troupes dans Paris ne permit pas de tirer un parti utile de cette autorisation, et le chef du 8ᵉ bataillon, qui désirait concourir aux opérations actives, reçut un nouvel ordre ainsi conçu :

État-major général des gardes nationales de la Seine.

Ordre au commandant Simon, chef du 8ᵉ bataillon, de se rendre au plus tôt place de la Bourse, pour y rassembler son bataillon et se mettre sous les ordres du colonel Quevauvilliers, chef de la légion.

Château de la Muette, Passy, le 22 mai 1871, sept heures trois quarts du soir.

Le colonel chef d'état-major général,
Signé : Ch. Corbin.

Visé par le lieutenant-colonel, major de place de la garde nationale.

Signé : P.-J. Ernault.

Dans la matinée du 23, le colonel Quevauvilliers, commandant supérieur du 2ᵉ arrondissement, et le commandant Simon, placés sous les ordres du général Douai, prirent part à la défense de la gare Saint-Lazare, attaquée par un retour offensif des insurgés, et eurent la douleur de voir tomber à leurs côtés de trop nombreux défenseurs de l'ordre.

Dans l'après-midi du 23, plusieurs officiers et sous-officiers, parmi lesquels M. le capitaine Quesney, rejoignirent la gare Saint-Lazare, point de réunion du 8ᵉ bataillon.

Le lendemain 24, à cinq heures et demie du matin, le commandant Simon et le capitaine Quesney pénétrèrent place de la Bourse avec le 55ᵉ de ligne ; le rappel fut battu aussitôt, et non sans danger, car des troupes de ligne voulurent fusiller le tambour Prangère, de la 2ᵉ compagnie, qu'ils prenaient pour un insurgé.

Le bataillon se forma rapidement et, en peu de temps, près de trois cents hommes répondirent à l'appel ; ils furent armés au moyen de fusils conservés malgré le désarmement et de ceux abandonnés par les insurgés ; le commandant fit prendre possession de la mairie, du théâtre des Italiens, où étaient soignés de nombreux blessés fédérés, et de la Bibliothèque nationale, pour la préserver des incendiaires; il sollicita ensuite du général Douai l'autorisation d'aller combattre les incendies des Tuileries et du Louvre; cette autorisation fut accordée de suite.

Les incendies étaient alors dans toute leur intensité; du côté des Tuileries, le feu se propageait rapidement vers la cour du Carrousel; du côté du Louvre, la bibliothèque était également en flammes, et le fléau menaçait de gagner les musées. Les pompiers étaient épuisés par un travail surhumain, et les pompes n'étaient plus que très-insuffisamment servies.

Le commandant divisa le bataillon en trois : un tiers pour la manœuvre des pompes; un tiers pour aider les pompiers dans les coupures et autres travaux qu'ils jugeraient à propos de faire, et un tiers placé en vedettes dans toutes les rues adjacentes, pour faire concourir tous les passants au travail des pompes.

Quelques-unes de ces pompes furent montées à bras dans les étages supérieurs des bâtiments voisins de la bibliothèque; après un travail acharné, accompli sous les obus que les insurgés lançaient sur le Louvre et les Tuileries, on fut maître du feu. Le passage de la rue de Rivoli était fort dangereux, les balles sifflaient de tous les côtés, et malgré toutes les précautions prises, M. Toche, de la 1ʳᵉ compagnie, fut atteint, et M. Blériot (Gustave), de la 4ᵉ compagnie, assez grièvement blessé à la cuisse par le tir des fédérés qui occupaient une barricade barrant la rue de Rivoli, à la hauteur de la colonnade et de la rue du Louvre. — A sept heures du soir, les pompiers ayant déclaré qu'il n'y avait plus de craintes à concevoir, le bataillon se retira au Grand-Hôtel, qui lui avait été assigné comme campement; mais à neuf heures du soir, sur un ordre de l'état-major, il se rendit au ministère des finances. Presque tous les combles de ce vaste quadrilatère étaient en feu; tous les bâtiments paraissaient vouloir s'écrouler sur les travailleurs, et les officiers de pompiers considéraient le ministère comme perdu, en raison du pétrole répandu à profusion dans toutes ses parties. Ce spectacle terrible était bien fait pour faire reculer les plus braves; mais, entraîné par ses officiers, le 8ᵉ bataillon établit de nouvelles pompes et beaucoup d'objets mobiliers furent sauvés par ses soins; ce sauvetage, pour beaucoup de pièces, s'opéra par des escaliers rongés par les flammes.

Dans cette même nuit, du 24 au 25 mai, à deux heures du matin, un incendie ayant éclaté, 34, rue

Saint-Roch, le commandant s'y rendit rapidement avec quelques hommes et une pompe, mais cet incendie avait été vivement éteint par les habitants du quartier, dirigés par un peloton du 8ᵉ bataillon, détaché du poste du théâtre Italien.

Pendant trois jours et trois nuits, du 24 au 27 mai, et sans prendre un instant de repos, le 8ᵉ bataillon combattit sans relâche l'incendie du ministère des finances ; commandant, officiers, sous-officiers, caporaux et gardes rivalisèrent de dévouement pour arracher aux flammes ces bâtiments de l'État, mais il fallut bien se résigner à laisser continuer l'œuvre de destruction.

Indépendamment des postes de la mairie, du théâtre Italien, de la Bibliothèque nationale et de la partie du bataillon combattant les incendies sous les ordres directs du commandant, le 8ᵉ bataillon fournit encore des petits postes détachés pour la protection du quartier. On ne put suffire à une tâche si multiple que par des veilles continuelles. Pour donner de l'unité et éviter des efforts partiels, le commandant avait publié l'avis suivant dans le périmètre du bataillon :

REPUBLIQUE FRANÇAISE.

GARDE NATIONALE DE PARIS. 8ᵉ BATAILLON.

Mes chers camarades,

Un ordre du jour de notre commandant supérieur nous ordonne de rester en permanence pour concourir au rétablissement de la sécurité.

Notre bataillon a toujours été cité comme un modèle d'ordre, d'union, de courage et de discipline.

Plus que jamais nous devons être unis et compactes pour combattre le crime et l'*incendie*.

Joignez-vous donc à moi ; songez que les efforts isolés sont stériles et que la concentration seule peut assurer des secours efficaces.

Le bataillon est en permanence au Grand-Hôtel et au ministère des finances, pour de là être dirigé sur tel point de l'arrondissement qui serait menacé.

J'ai les fonds nécessaires pour assurer le service de la solde aux nécessiteux.

Je compte sur vous pour vous grouper autour de moi et autour de nos camarades qui, avec un louable empressement, ont répondu à mon appel ; croyez à tout mon dévouement et permettez-moi d'espérer que vous ne serez pas insensibles aux désastres de la patrie.

Le chef du 8ᵐᵉ bataillon,
SIMON.

Cet appel fut entendu, et à une revue d'effectif

ordonnée pour le 27 mai, plus de sept cents hommes se présentèrent au lieu de réunion.

De nombreuses arrestations d'insurgés furent faites par le 8ᵉ bataillon, entre autres celle d'un nommé Aubry, de Rouen, membre du comité central, associé à l'Internationale ; plusieurs fédérés dangereux, qui, après la prise de la place Vendôme, s'étaient réfugiés dans les caves, furent également arrêtés par le 8ᵉ bataillon.

Un ordre du maréchal Mac-Mahon, daté du 27 mai, ordonna l'exécution immédiate du décret de l'Assemblée nationale, prescrivant le désarmement de la garde nationale ; cet ordre, adressé au colonel Corbin, chef d'état-major général, se terminait ainsi :

Je saisis cette occasion pour remercier MM. les officiers de la garde nationale et les gardes nationaux, du concours qu'ils ont apporté pour aider au rétablissement de l'ordre.

Recevez, mon cher colonel, l'assurance de mes sentiments très-distingués.

Le maréchal commandant en chef,
Signé : Maréchal MAC-MAHON.

De son côté, M. le colonel Corbin, chef d'état-major général, adressa à la garde nationale la proclamation suivante :

ORDRE

Conformément aux ordres de M. le maréchal commandant en chef, la garde nationale dévouée à l'ordre a été
appelée dès le premier jour de l'occupation de Paris à exercer
dans chaque arrondissement, en arrière des positions occupées par l'ennemi, un service de surveillance dont elle s'est
acquittée avec la plus grande activité; grâce à son concours,
des incendies ont pu être prévenus ou éteints; des arrestations nombreuses ont été faites. Le désarmement s'est opéré
sans résistance et l'ordre a été maintenu partout de la manière la plus absolue.

Sur plusieurs points le rôle de la garde nationale a été
plus efficace encore; des citoyens dévoués soit en corps,
soit par groupes individuels, se sont joints à l'armée et ont
combattu à ses côtés. Rue du Bac, une poignée de gardes
nationaux, appartenant pour la plupart au 16e bataillon et
sous les ordres du commandant Durouchoux, s'est emparée
de plusieurs barricades dès le lundi matin, et s'y est main-
tenue pendant plusieurs heures, malgré les efforts réitérés
des insurgés, jusqu'au moment où l'armée est venue leur
tendre la main; ils ont eu, relativement à leur faible effectif,
un nombre élevé de morts et blessés.

Les circonstances n'ont pas permis d'employer plus acti-
vement le concours de la garde nationale de l'ordre; certain
de répondre au désir du plus grand nombre, j'avais prié
M. le maréchal commandant en chef de vouloir bien faire
concourir à l'attaque des dernières positions occupées par
l'insurrection plusieurs des bataillons de l'ordre nouvelle-
ment constitués. La crainte des accidents que la similitude

d'uniformes pouvait faire naître a été cause que cette offre n'a pu être acceptée.

Aujourd'hui que l'insurrection est entièrement étouffée et que l'armée peut revenir sur ses pas et occuper les divers quartiers de la ville, je reçois l'ordre, conformément à la décision prise par le gouvernement de l'Assemblée nationale, de faire procéder au désarmement général.

Les gardes nationaux de l'ordre, actuellement encore sous les armes, se soumettront sans difficulté à cette mesure que les circonstances commandent et qui ne peut plus souffrir d'exception. Mais quoique affranchis de tout service armé, il leur reste à remplir les obligations qui incombent aujourd'hui plus que jamais à tous les bons citoyens, et ils devront se mettre à la disposition de la municipalité de leur arrondissement pour exercer, quoique sans armes, la surveillance voulue et procéder aux mesures d'ordre qui seront jugées nécessaires.

Je suis heureux d'avoir à transmettre à MM. les officiers de la garde nationale et aux gardes nationaux les remercîments que leur adresse M. le maréchal commandant en chef pour le concours empressé qu'ils ont apporté dans le but d'aider au rétablissement de l'ordre.

Le colonel chef d'état-major,
Signé : Ch. CORBIN.

Malgré l'ordre général de désarmement, et par une distinction flatteuse qui indique le degré de confiance qu'inspirait le 8ᵉ bataillon, *le général Douai l'autorisa à conserver le nombre de fusils né-*

cessaires pour faire le service des postes de la Bi-
bliothèque et du théâtre Italien; ce service se
continua jusqu'au **31** mai, date du licenciement
définitif du 8ᵉ bataillon.

CONCLUSION

Ce n'est pas sans émotion que nous terminons cet exposé des souvenirs et des services d'un corps que nous considérions comme une famille ; nous croyons que nos camarades nous sauront gré d'avoir retracé les traits principaux d'une existence commune, où nous avions fait abnégation de nos opinions personnelles et de nos intérêts, pour ne songer qu'à la grande cause de la liberté, de l'ordre et de la patrie.

Avons-nous cédé à l'exagération en esquissant le tableau des services rendus par le 8ᵉ bataillon ? Notre conscience nous assure que nous n'avons été que justes, et la lettre suivante, par laquelle nous ne saurions mieux terminer, est un témoignage officiel de notre véracité :

Paris, 14 décembre 1872.

A M. Simon, ancien chef du 8ᵉ bataillon de la garde nationale.

Monsieur,

Vous avez demandé à mon prédécesseur l'insertion au *Journal officiel* d'une note mentionnant le concours que le 8ᵉ bataillon de la garde nationale aurait prêté aux sapeurs-pompiers et à l'armée pour l'extinction des incendies du Louvre et du ministère des finances, en mai 1871.

Aucune autorité civile n'étant représentée à Paris au moment où ces faits se sont passés, mon prédécesseur avait cru qu'il appartenait plutôt à l'autorité militaire de vous donner satisfaction; mais les souvenirs des chefs de corps qui opérèrent dans le quartier des Tuileries ne se sont trouvés ni assez présents ni assez précis pour permettre à M. le ministre de la guerre de signer une attestation officielle.

Dans ces conditions, l'insertion d'une note officielle n'était évidemment pas possible. Vous l'avez reconnu vous-même, et le gouvernement ne peut que regretter de se trouver hors d'état de signaler à la reconnaissance publique la conduite d'un grand nombre de gardes nationaux qui, dans ces moments douloureux, ont prêté un énergique concours à l'armée pour le rétablissement de l'ordre.

Mais je me plais à reconnaître, d'après les pièces que vous m'avez communiquées, et qui suppléent, en partie, à l'absence des rapports officiels, la participation active du 8e bataillon aux travaux de sauvetage des bâtiments du Louvre et du ministère des finances.

Son dévouement s'est affirmé alors, comme il s'affirmait à Buzenval et dans les premiers jours de l'insurrection, en résistant à la Commune.

Fidèle à ces traditions, ce bataillon a été, lors de la rentrée des troupes, un des premiers sous les armes, et j'en étais assuré avant même d'avoir pris connaissance des documents que j'ai l'honneur de vous renvoyer sous ce pli.

Recevez, monsieur, l'assurance de ma considération très-distinguée.

Le ministre de l'intérieur,

Signé : E. DE GOULARD.

TABLE DES MATIÈRES

Paris. — Typographie A. HENNUYER, rue d'Arcet, 7.

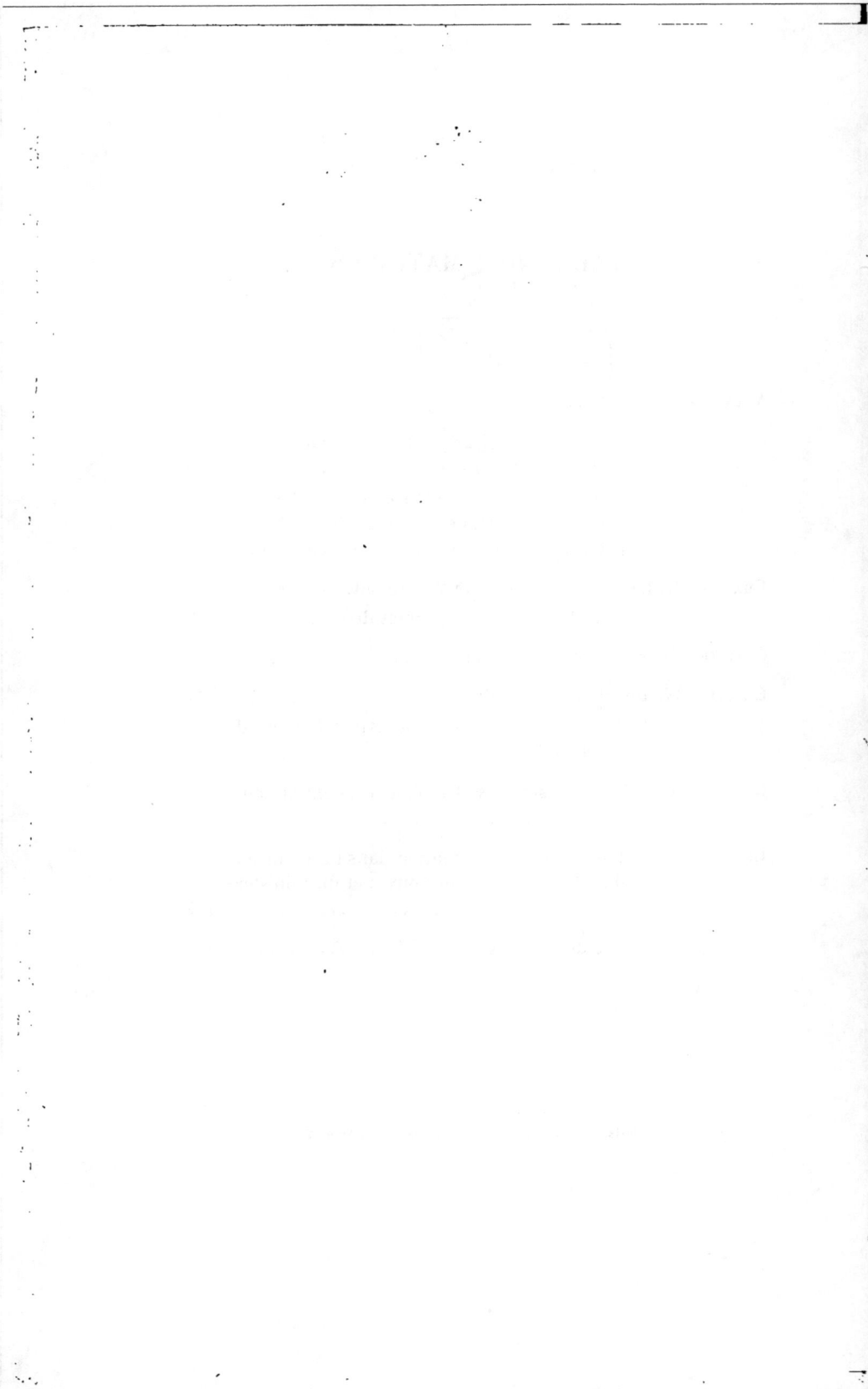

www.ingramcontent.com/pod-product-compliance
Lightning Source LLC
Chambersburg PA
CBHW071818090426
42737CB00012B/2133

* 9 7 8 2 0 1 4 5 1 9 8 2 2 *